다크심리학 III
: 설득의 법칙

DARK
PSYCHOLOGY

거절을 불가능하게 만드는 심리 트리거와 대화 기술

경고

설득은 단순한 말하기가 아니다.
다크 심리학의 설득은 그것은 인간의 마음을 해체하고 재구성하는
정신적 수술도구이자 은밀한 무기다.

기억하라.
지금 당신의 선택은 결코 순수하지 않다.
당신을 둘러싼 모두가 당신에게 자유라는 허상을 주입한다.
가장 무서운 설득은 설득당했다는 사실조차 모르게 만든다.
그 순간, 자유는 이미 없다.

자유로운 인간으로 살아갈 것인가,
알지도 못한 채 노예로 살아갈 것인가.
둘 중 무엇을 택하든, 한 가지는 분명하다.
이 책을 연 순간, 당신은 더 이상 예전의 당신으로 돌아갈 수 없다.

준비된 사람만 이 책을 열어라.
그렇지 않다면, 지금 이대로 설득당하며 살길 바란다.

프롤로그

설득은 예술이자 무기다

어떤 사람들은 단 한 마디로 상대의 마음을 송두리째 뒤바꾼다. 그들의 입에서 나오는 말은 마치 최면술처럼 작동한다. 듣고 있으면 어느새 자신도 모르게 고개를 끄덕이고, 거절하려던 마음이 흔들리며, 결국 그들이 원하는 대로 행동하게 된다. 이것이 단순한 화술의 차이일까? 아니다. 이들은 인간 심리의 가장 깊숙한 취약점을 정확히 겨냥하는 법을 안다.

매일 당신은 수백 번의 설득 공격에 노출된다. 아침에 눈을 뜨는 순간부터 잠들기 전까지, 누군가는 끊임없이 당신의 의사결정을 조작하려 한다. 카페 직원의 "더 큰 사이즈로 바꿔드릴까요?"부터 시작해서, 동료의 "이것만 도와주면 안 될까?", 연인의 "정말 나를 사랑한다면", 정치인의 "국민 여러분"까지. 이 모든 순간에 당신은 선택하는 것 같지만, 실제로는 선택당하고 있다.

훌륭한 설득은 설득의 흔적조차 남기지 않는다.

어떤 이들은 설득을 더 잘하기 위해서 설득의 메시지를 직접 가다듬을 것이다. 설득의 논리 구조를 살피고 근거를 보강하여 상대를 설득하려고 한다. 하지만 설득이 꼭 정면에서 정정당당하게 이루어지는 것은 아니다. 깨닫지 못하는 사이, 우리는 설득당하고 행동한다. 물리적 폭력은 흔적을 남기지만, 심리적 조작은 당한 피해자조차 깨닫지 못한다. 오히려 설득당한 사람은 자신이 스스로 결정했다고 확신한다. 이러한 설득이야말로 바로 예술이자 무기다. 설득의 달인은 상대의 자아를 해체하고 재구성한다. 설득이야말로 일종의 정신적 수술도구라고까지 할 수 있겠다.

다크 심리학의 설득은 이처럼 메시지의 내용보다도 메시지의 외적인 요소에 더 관심을 두고 조작하여 스스로에게 유리한 환경을 만들어내는 설득의 전략이다. 인지적 요소, 정서적 요소, 사회적 요소에 장기적 누적 효과를 덧붙여 설득의 대상을 둘러싼 심리적 장치, 나쁘게 말하자면 심리적 함정을 파둔다. 메시지의 전달 방식, 메시지를 전달하는 사람과 전달 받는 사람과의 관계, 메시지에 대한 세상 사람들의 선호도 등, 이 책에서 다루고 있는 다크 심리학의 설득은 바로 메시지를 더 좋게 향상시키는 방법이 아닌, 메시지 이외의 것들을 어떻게 다루어 사람들을 자극할 것인가에 초점을 두고 있다.

다크 심리학은 자유라는 허상으로 대상을 설득한다.

이런 설득은 어떻게 보면 '악용'이라고까지 부를 수 있을 것이다. 그들은 상대의 논리적 사고를 깜빡 속여 정상적인 판단을 하지 못하게 하거나, 감정을 자극해 이성적 판단을 마비시킨 채로 상대가 결정하도록 부추긴다. 또는 권위에 기대기도 하고 관계를 인질로 잡기도 한다. 장기적 관리 방법을 동원해 대상을 계속 얽어매어 두기도 한다. 이런 기법들은 점점 정교해지고 있다. 나는 지금 누구에게 조종당하고 있는가? 이 질문에 명확히 답할 수 있는 사람은 거의 없다. 왜냐하면 가장 효과적인 설득은 설득당하고 있다는 사실조차 느끼지 못하게 만들기 때문이다.

 설득 기술 자체는 선악이 없다. 그것은 도구일 뿐이다. 문제는 그 도구를 누가, 어떤 목적으로 사용하느냐에 있다. 같은 설득 기법이 한 사람에게는 자신감을 주고 관계를 발전시키는 도구가 되지만, 다른 사람에게는 상대를 지배하고 착취하는 무기가 된다. 설득의 윤리적 사용은 상호 이익을 추구한다. 부모가 아이에게 공부의 중요성을 설득하는 것, 의사가 환자에게 치료법을 권하는 것, 친구가 위험한 상황에서 벗어나도록 조언하는 것. 이런 설득은 상대방의 진정한 이익을 위한 것이다.

설득은 폭력이 될 수도, 예술이 될 수도 있다.

 반면 악인의 설득은 일방적 이익을 추구한다. 사기꾼이 피해자를 속이는 것, 독재자가 국민을 세뇌하는 것, 나르시시스트가 파트너를 조종하는 것. 이런 설득은 오직 조작자의 이익만을 위한 것이다. 그러나 현실에서 벌어지는 설득은 그렇게 단순히 선과 악으로 갈리지 않는다. 노골적인 협박이나 속임수는 누구나 눈치챌 수 있다. 하지만 다크 심리학의 설득은 언제나 그 사이, 애매한 회색지대를 노린다. 상대방이 스스로 합리적인 선택을 했다고 믿게 만들면서도, 실제로는 이미 조종자가 깔아둔 길 위를 걷게 하는 것이다. 이 지점이야말로 가장 위험하다. 사람들은 강압은 의심하지만, 호의와 충고의 얼굴을 한 압박에는 쉽게 마음을 연다. 일상적인 말 속에 설득과 조작이 뒤섞여 있을 때, 우리는 쉽게 분별력을 잃는다.

다크 심리학의 설득은 바로 이 모호한 회색지대에서 힘을 발휘한다. 선의처럼 보이는 언어, 사랑이나 의무로 포장된 요구, 상호적 관계라는 이름의 일방적 부담. 이런 장치들이 사람을 움직이게 만든다. 피해자는 자신이 조종당하고 있다는 사실조차 깨닫지 못한 채 "내가 스스로 선택한 것"이라고 합리화한다. 그래서 다크 심리학의 설득은 폭력보다 교묘하고, 예술보다 은밀하며, 무엇보다 오래 지속된다.

다크 심리학의 설득이 선과 악의 사이의 어딘가에서 아슬아슬하게 줄을 타듯, 대부분의 일상에서 볼 수 있는 설득은 이 두 극단 사이 어딘가에 위치한다. 영업사원이 고객에게 제품을 파는 것은? 정치인이 유권자에게 표를 호소하는 것은? 연인이 상대방의 마음을 얻으려 노력하는 것은? 이런 상황에서 윤리와 조작의 경계선은 모호해진다.

다크 심리학의 설득은
모호한 회색지대에서의 줄타기다.

결국 설득의 윤리는 동기와 결과로 판단되어야 한다. 상대방을 진정으로 생각하는 마음에서 나온 설득인가, 아니면 순전히 자신의 이익을 위한 조작인가? 그 설득의 결과로 상대방도 이익을 얻는가, 아니면 피해를 입는가? 이런 기준으로 판단할 때 비로소 설득과 조작을 구분할 수 있다. 하지만 현실은 그리 단순하지 않다. 사람들은 자신의 행위를 '상대방을 위한 것'이라고 포장해 상대를 설득한다. 그들은 진심으로 자신이 상대방을 돕고 있다고 믿기도 한다.

이 책을 읽는 당신에게 경고한다. 여기서 다루는 기법들은 강력하다. 잘못 사용하면 상대방뿐만 아니라 당신 자신도 파괴할 수 있다. 단기적으로는 원하는 것을 얻을 수 있을지 모르지만, 장기적으로는 신뢰를 잃고 고립될 위험이 크다.

그럼에도 이런 기법들을 알아야 하는 이유가 있다. 첫째, 방어를 위해서다. 상대방의 조작 시도를 인식하고 대응하기 위해서는 그 메커니즘을 이해해야 한다. 둘째, 건설적 활용을 위해서다. 윤리적 한계 내에서 이런 기법들을 사용하면 소통 능력을 크게 향상시킬 수 있다. 이 책은 당신에게 날카로운 칼을 건네줄 것이다. 그 칼로 무엇을 할지는 전적으로 당신의 선택이다. 다만 기억하라. 다른 사람을 해치는 칼은 결국 자신에게도 상처를 낸다는 것을.

차례

프롤로그 설득은 예술이자 무기다   5

1부   설득의 기반 심리 구조

다크 심리학 설득 기법의 기반
    고대에서 온 설득의 지도   22
    삼각형의 힘과 균열   23
    인지, 감정, 관계와 신뢰의 힘   24
    다크 심리학 설득의 지도   26

다크 심리학의 설득은 회색지대를 이용한다
    설득은 이미 당신의 일상에 있다   28
    다크 심리학의 설득은 회색지대를 노린다   34
    설득하라 그리고 자유를 얻어라   37

2부 인지를 겨냥한 설득 기술

논리 대신 서사로 끌어당겨라

이야기로 논리를 대체하기	42
은유와 내러티브의 힘	44
원칙1 영웅 서사 구조를 이용해 몰입시켜라	46
원칙2 대비 서사로 선택을 유도하라	47
원칙3 연쇄적으로 감정을 연상시켜라	48
쉽게 해보는 스토리텔링 설득 전략	49
스토리텔링 설득 전략에서 주의할 점	51

취약한 순간을 만들어라

설득에 취약한 순간들	54
원칙1 과부하시킨 뒤 단순한 정보를 주어라	56
원칙2 제시한 정보가 기본값임을 강조하라	58
원칙3 감정에 동조한 뒤 유도한다	59
쉽게 해보는 타이밍 설득 전략	60
타이밍 전략에서 주의할 점	62

선택지를 설계하라

'이 중 하나'라는 착각	66
원칙1 단계적으로 선택지를 제시하라	68
원칙2 중간 선택지를 매력적으로 포장하라	69
원칙3 일부러 거절당하라	70
쉽게 해보는 선택지 설계 전략	72
선택지 설계 전략에서 주의할 점	74

3부 　감정을 겨냥한 설득 기술

감정에 푹 빠지도록 하라

　　생생한 이미지와 감정의 몰입　　　　　　　　　　80
　　몰입 상태에서의 판단 마비　　　　　　　　　　　82
　　원칙1 생생하게 묘사하라　　　　　　　　　　　83
　　원칙2 감정의 수위를 점차 높여주라　　　　　　84
　　원칙3 나와 똑같다고 느끼게 하라　　　　　　　86
　　쉽게 해보는 감정 몰입 설득 전략　　　　　　　　87
　　감정 몰입 설득 전략에서 주의할 점　　　　　　　90

희망과 두려움을 동시에 사용하라

　　뇌의 서로 다른 두 회로　　　　　　　　　　　　94
　　공포와 기대를 동시에 자극하기　　　　　　　　　96
　　원칙1 감정의 낙폭을 크게 만들어라　　　　　　99
　　원칙2 천천히 두 감정의 극단을 모두 느끼게 하라　100
　　원칙3 다른 선택을 한 두 사람의 감정을 느껴보게 하라　101
　　쉽게 해보는 희망과 두려움의 설득 전략　　　　　102
　　희망과 두려움의 설득 전략에서 주의할 점　　　　104

유머로 가까워져라

　　방어를 무너뜨리는 웃음　　　　　　　　　　　　108
　　'같은 편'이라는 착각 만들기　　　　　　　　　　110
　　원칙1 타이밍을 노려라　　　　　　　　　　　112
　　원칙2 자기비하로 다가가라　　　　　　　　　113
　　원칙3 공감할 수 있는 유머를 던져라　　　　　114

쉽게 해보는 유머를 활용한 설득 전략	115
유머로 설득하는 전략에서 주의할 점	117

반발심은 이용하기 나름이다

반발심을 줄이는 전제 설정	122
점진적 설득의 힘	124
원칙1 직접 제안하지 말고 '만약'이라고 하라	125
원칙2 단계별 동의 누적 기법	126
원칙3 반발심을 역이용하라	127
쉽게 해보는 반발심 활용 전략	128

4부   관계를 겨냥한 설득 기술

신뢰 형성은 기본이다

첫인상이 지배하는 판단	134
신뢰의 축적과 붕괴 메커니즘	136
원칙1 작은 일로 신뢰를 누적시켜라	137
원칙2 자신의 약점과 실수를 적절히 공개하라	138
원칙3 이익은 잠시 미뤄두라	139
쉽게 해보는 신뢰 획득 전략	140

사회적 맥락을 활용하라

집단 행동을 설득에 이용하기	146
권위, 다수, 유사성을 동시에 자극하기	149
원칙1 단계별로 좁혀 가라	151

원칙2 권위자를 여럿 늘어놓아라	152
원칙3 지금 하고 있다고 하라	153
쉽게 해보는 사회적 증거 설득 전략	155
사회적 증거 설득 전략에서 주의할 점	158

스스로를 전문가로 포장하라

전문가의 말은 곧 힘이 된다	162
원칙1 복장과 환경에서 시작하라	164
원칙2 자신의 말이 권위자와 일치한다고 하라	166
원칙3 전문 용어와 수치를 섞어 말하라	168
원칙4 단계적이고 종합적으로 권위를 구성하라	170
쉽게 해보는 권위 설득 전략	171
권위 설득 전략의 함정과 한계	173

실시간으로 상대의 반응에 맞추라

상대의 미묘한 반응 읽기	178
즉석에서 메시지 조정하기	180
원칙1 상대의 반응을 주시하라	183
원칙2 유연하게 방향을 바꾸라	184
원칙3 서서히 방향을 유도하라	185
쉽게 해보는 실시간 반응 맞춤 설득 전략	187
실시간 반응 맞춤 설득 전략에서 주의할 점	191

관계를 담보로 잡아라

관계의 힘을 이용한 설득	194
친밀감과 의무감 활용	196

원칙1 관계의 깊이에 따라 달리 부탁하라	197
원칙2 점진적으로 관계의 깊이를 발전시켜라	198
원칙3 과거의 관계를 상기시켜라	199
쉽게 해보는 관계를 무기로 하는 설득 전략	200
관계를 무기로 하는 설득 전략에서 주의할 점	203

5부   장기적인 설득의 전략

습관으로 만들어주라

작은 동의에서 큰 행동으로	208
단기 변화에서 장기 습관으로	210
원칙1 단계별로 습관을 붙이게 하라	213
원칙2 반복 훈련시켜라	214
원칙3 정체성과 연결시켜주라	215
쉽게 해보는 습관화 설득 전략	216

반복하여 설득하라

반복적 노출과 잠재적 각인	222
반복을 자연스레 녹아들게 하라	225
원칙1 장기간에 걸쳐 분산해서 노출시킨다	227
원칙2 여러 채널을 활용해 포위하라	228
원칙3 일상 속에 자연스럽게 스며들게 하라	229
쉽게 해보는 반복 설득 전략	230
반복 설득 전략에서 주의할 점	233

심리적 계약을 만들어라

보이지 않는 약속 심기 238
원칙1 점진적으로 심리적 계약을 확장하라 242
원칙2 심리적 계약과 정체성을 연결시켜라 244
원칙3 집단을 활용해 압박하라 245
쉽게 해보는 심리적 계약 설득 전략 247
심리적 계약 설득 전략에서 주의할 점 251

에필로그 설득의 힘은 곧 지배의 힘이다 256

"설득의 삼박자를
활용하라"

1부

설득의
기반 심리 구조

다크 심리학 설득 기법의 기반

고대에서 온 설득의 지도

당신이 마지막으로 누군가에게 완전히 설득당한 순간을 떠올려보라. 그때 상대방이 사용한 것은 단순한 논리만이 아니었을 것이다. 분명히 그 사람에 대한 신뢰가 있었고, 당신의 감정을 움직이는 무언가가 있었을 것이다. 이것이 바로 설득의 본질이다. 인간은 머리로만 판단하지 않는다. 마음으로 느끼고, 직감으로 믿고, 그다음에야 이성으로 합리화한다.

2000년 전 아리스토텔레스는 이미 이 진실을 간파했다. 그는 설득을 이루는 세 가지 축을 정의했다. 로고스 logos, 파토스 pathos, 에토스 ethos. 로고스는 논리와 이성의 영역이다. 데이터, 근거, 논리적 추론이 여기에 속한다. 파토스는 감정과 정서의 영역이다. 두려움, 희망, 분노, 사랑 같은 원초적 감정들이 바로 이것이다. 에토스는 화자의 신뢰성과 권위를 의미한다. 그 사람이 말할 자격이 있는가, 믿을 만한가의 문제다. 그는 이 세 가지가 균형을 이룰 때 비로소 강력한 설득이 완성된다고 보았다. 단순한 말솜씨나 억양의 문제가 아니라, 인간을 움직이는 근본적 구조를 해부한 것이다. 다크 심리학은 바로 이 고전적 구조 위에 서 있다. 인간의 인지(로고스), 감정(파토스), 관계와 신뢰(에토스)를 파고드는 기술이 곧 조종과 기만, 그리고 설득의 뼈대다.

삼각형의 힘과 균열

설득의 삼각형은 세 가지가 모두 갖춰져 균형을 이루었을 때 힘을 발휘한다. 논리만 있고 감정이 없으면 건조하고 차갑게 들린다. 신뢰 없이 논리와 감정만 내세우면 속임수처럼 보인다. 그러나 세 축이 동시에 작동하면 사람들은 자신의 의지로 움직인다고 착각하면서도 사실은 설계된 길을 걸어간다.

다크 심리학은 이 균형을 조금 다르게 사용한다. 필요하다면 한 축만을 극도로 과장해 다른 축을 압도하게 한다. 논리를 압축해 특정 프레임만 남기거나, 감정을 폭발시켜 이성을 마비시키거나, 관계를 압박해 감정을 불러일으킨다. 삼각형은 인간 설득의 지도이자, 다크 심리학이 가장 교묘히 조작하는 지점이다.

하지만 여기서 놓치면 안 되는 것이 있다. 이 세 요소는 단순히 나열되는 것이 아니라 서로를 강화하고 보완하는 유기체처럼 작동한다는 점이다. 논리만 있으면 차갑고, 신뢰만 있으면 공허하며, 감정만 있으면 얕다. 진짜 설득의 고수들은 이 세 요소를 마치 오케스트라의 악기들처럼 조화롭게 연주한다.

인지, 감정, 관계와 신뢰의 힘

인간의 뇌는 감정과 논리가 복잡하게 상호작용한다. 감정을 담당하는 변연계는 인지적 논리 판단을 담당하는 대뇌피질보다 즉각적으로 반응하는 경향이 있다. 이는 우리가 논리적 판단을 내리기 전에 감정적 반응이 먼저 일어날 수 있다는 것을 의미한다. 많은 심리학 및 신경과학 연구는 감정적 호소가 논리적 설득보다 효과적이거나 기억에 오래 남을 수 있음을 보여준다.

동일한 내용의 메시지라도 화자의 신뢰도가 높을 때 설득 효과가 증가한다는 것 역시도 사회심리학 연구를 통해서 확인된 부분이다. 화자가 해당 주제에 대해 지식이나 경험이 풍부하다고 인식할 때, 즉 전문성이 높다고 생각할 때 청중은 메시지를 더 신뢰한다. 또한 화자가 정직하고 편견 없이 말한다고 느낄 때, 즉 신뢰성이 있다고 느낄 때 청중은 그 메시지의 진실성을 더 쉽게 받아들인다는 것이다.

이 원리는 우리도 모르는 사이에 일상 곳곳에서 사용되고 있다. 광고는 유명인(에토스)이 과학적 데이터(로고스)를 제시하면서 동시에 행복한 가족의 모습(파토스)을 보여준다. 정치인은 자신의 경력(에토스)을 내세우며 정책의 논리(로고스)를 설명하고, 국민의 고통(파토스)에 공감한다고 말한다. 연인은 자신의 진심(에토스)을 증명하며 관계의 논리(로고스)를 설명하고, 상대의 감정(파토스)을 자극한다.

이런 조작이 자연스럽게 일어난다. 우리는 매일 수십 번의 설득 공격을 받으면서도 그것이 설득이라는 사실조차 깨닫지 못한다. 왜냐하면 숙련된 설득자들은 세 요소를 너무나 교묘하게 섞어서 마치 자연스러운 대화처럼 느끼게 만들기 때문이다.

다크 심리학 설득의 지도

심리학과 뇌과학은 아리스토텔레스가 제시한 설득의 삼각형이 단순한 고대 철학이 아니라 과학적으로 입증되는 사실임을 보여주었다. 로고스, 즉 인지의 영역에서는 프레이밍 효과가 대표적이다. 같은 사실이라도 어떤 틀로 보여주느냐에 따라 사람들의 판단은 전혀 달라진다. 파토스, 즉 감정의 영역에서는 공포 호소 실험이 이를 잘 증명한다. 두려움이 논리를 압도하고, 차가운 이성을 무력화할 만큼 강력한 힘을 발휘한다는 것이다. 마지막으로 에토스, 즉 관계의 영역에서는 권위 복종 실험과 같은 예시가 있다. 단순히 직함과 복장만으로도 사람들은 자신의 도덕적 판단을 뒤로 미루고 권위자의 지시에 따르게 된다. 결국 설득의 삼각형은 오늘날에도 여전히 유효하며, 다크 심리학은 이 원리를 가장 정교하게 악용하고 있다.

　이 책은 바로 그 삼각형을 지도로 삼아 전개된다. 2부는 인지, 곧 로고스를 겨냥한다. 프레이밍, 스토리텔링, 반복 노출 같은 기법이 어떻게 우리의 판단 구조를 바꾸는지 살펴본다. 3부는 감정, 곧 파토스를 다룬다. 공포와 희망, 유머와 몰입이 어떻게 의사결정을 앞당기거나 비틀어내는지 드러낸다. 4부는 관계, 곧 에토스를 겨냥한다. 권위, 사회적 증거, 심리적 계약이 어떻게 신뢰와 의무를 설계하는지를 파헤친다. 결국 이 책의 모든 장은 삼각형의 어느 한 꼭짓점을 강화하거나 비틀어, 순간의 동의를 넘어 장기적 지배로 이어지는 과정을 해부한다.

　아리스토텔레스의 삼각형은 설득의 원형 구조이자 다크 심리학의 뼈대다. 설득자는 이 세 축을 이용해 상대의 인지와 감정, 그리고 관계를 교묘하게 건드린다. 그리고 우리가 지금 어떤 논리, 어떤 감정, 어떤 관계 속에서 흔들리고 있는지를 자각하지 못하는 순간, 이미 설득은 진행되고 있는 것이다.

다크 심리학의 설득은
회색지대를 이용한다

설득은 이미 당신의 일상에 있다

우리는 특별한 토론이나 회의를 해야만 설득을 하고 있고, 당하고 있다고 생각하지만 실제로는 그렇지 않다. 하루 24시간 안에 얼마나 많은 설득이 포함되어 있는지를 살펴보자.

출근길의 작은 인지적 선택

아침 출근길, 카페에서 커피를 주문한다. 점원이 환하게 웃으며 묻는다.

"오늘은 라지 사이즈로 드려요?"

짧은 한마디일 뿐이지만, 우리는 순간 멈칫한다. 평소에는 중간 사이즈를 고르던 사람도 "그래, 오늘은 큰 걸로 마셔볼까?" 하고 고개를 끄덕인다. 이것은 단순한 서비스 멘트가 아니다. 선택의 기준점을 바꾸는 설득이다. 원래는 '마실까, 말까'가 고민이었는데, 점원의 말 한마디로 '중간인가, 큰 건가'로 문제가 바뀌어버린다. 심리학에서는 이를 프레이밍 효과라고 부른다. 같은 사실도 틀을 바꿔 제시하면 전혀 다른 선택을 하게 된다. 다크 심리학은 이 원리를 교묘하게 포장해 "당신의 자유로운 선택"처럼 보이게 만든다.

아침, 직장에서의 반복 장치

회사에 도착해 다음 날 아침, 직장 회의실. 팀장이 말한다.
"우리 팀은 가족 같은 분위기잖아. 이번 프로젝트는 다 같이 밤새워야 해."

가족 같은 회사가 더 문제라는 말은 이미 들었었지만, 막상 처음 들었을 때는 따뜻하게 들렸고, 실제로 직원들은 서로서로 잘 챙겨주었다. 그러나 반복해서 듣다보니 이 말은 사실상 "개인의 시간을 희생하라"는 지시였다. 여기서 사용되는 것은 집단 정체성 압박이다. "가족"이라는 단어 하나로, 개인의 자유는 '집단의 의무'로 바뀐다.

스탠리 밀그램의 권위 복종 실험은 단순히 흰 가운을 입은 연구자의 지시만으로도 사람들이 도덕적 판단을 뒤로 미루고 복종한다는 것을 보여줬다. 직장 상사의 한마디는 바로 그 권위의 힘을 현대적으로 재현한 것이다. 다크 심리학은 이를 '팀워크'와 '헌신'이라는 이름으로 위장해 조직적 통제를 가능하게 만든다.

친구의 부탁에 담긴 관계 압박

점심 무렵, 친구에게서 메시지가 온다.

"이번에 중요한 프로젝트를 준비하는데, 아는 사람 중에 이 분야 전문지식이 있는 사람은 너뿐이야. 너만 도와줄 수 있을 것 같아."

사실 내 일정도 빠듯하고, 꼭 도와줄 필요도 없다. 하지만 '너만', '특별히'라는 말이 나오자 우리는 쉽게 거절하지 못한다.

여기서 작동하는 것은 심리적 계약이다. "너만"이라는 말은 나를 특별한 관계의 중심에 세우면서, 동시에 의무를 떠안게 만든다. 같은 부탁이라도 모르는 사람에게서라면 단칼에 거절했을 터다. 그러나 친구라는 관계, 그리고 "너만"이라는 강조는 관계적 압박을 건드린다. 사회심리학에서 말하는 상호성 원칙도 숨어 있다. "네가 도와주면 언젠가 나도 도와줄게"라는 암묵적 기대가 작동한다. 다크 심리학은 이 원리를 '우정'과 '호의'라는 이름으로 포장해 이용한다.

연인의 말 속에 숨은 감정

저녁, 연인과의 대화.

"요즘 너무 바빠서 나한테 신경을 안 쓰는 것 같아."

사실은 별다른 잘못이 없더라도, 이런 말은 즉시 죄책감을 자극한다. 감정이 앞서면서 우리는 "미안해, 앞으로는 더 챙길게"라는 약속을 하게 된다.

이 장면에서는 감정이 전면에 나온다. 사람은 논리보다 감정에 더 빨리 반응한다. 연인의 실망한 표정, 떨리는 목소리, 서운함이 배어 있는 말투가 논리적 근거보다 강력한 압박이 된다. 심리학적으로는 감정 전염이 작동한다. 상대의 감정이 그대로 내 감정으로 옮겨져, 판단이 왜곡되는 것이다. 다크 심리학은 이 과정을 '사랑'과 '솔직함'이라는 언어로 포장한다. 하지만 실제로는 감정을 조종하여 상대방을 통제하는 기술이다.

가족의 언어 속에 스며든 기대

가족 관계 역시 안전지대가 아니다. 이래저래 피곤한 마음에 집에 전화를 해봤더니 어머니가 말한다.

"엄마는 너만 믿는다. 네가 우리 집 희망이야."

이 말은 사랑의 표현처럼 들리지만, 실제로는 강력한 압박이다. 자녀는 스스로 특별하고 중요한 존재라는 긍정적 라벨을 받는 동시에, 가족 전체의 미래를 짊어져야 한다는 책임감도 떠안는다. 이것은 정체성과 심리적 계약의 결합이다. 자녀는 '희망'이라는 정체성을 유지하기 위해, 자신의 욕망보다 부모의 기대를 우선시하게 된다. 다크 심리학은 이런 언어를 통해 관계의 본질을 '사랑'에서 '의무'로 전환시킨다.

SNS와 알고리즘의 그림자

잠깐 휴식을 취하며 SNS를 열어본다. 같은 광고 문구, 같은 밈, 같은 해시태그가 반복적으로 눈에 띈다. 처음에는 대수롭지 않게 넘기지만, 몇 번이고 노출되면 어느새 호감이 생긴다. 이것이 바로 단순 노출 효과다. 괴벨스는 "거짓말도 백 번 하면 진실이 된다"고 했다. SNS와 알고리즘은 이 원리를 극도로 정교하게 활용한다. 사람들은 이유를 설명하지 못하면서도 "익숙하니까 좋은 것 같다"는 감각을 갖게 된다. 다크 심리학은 이 반복 노출을 통해 우리의 선택을 장기적으로 조종한다.

일상 속 삼각형, 그리고 다크 심리학

카페 점원은 인지를 흔들었고, 친구는 관계를 건드렸으며, 연인은 감정을 자극했다. 직장 상사는 권위와 집단 정체성으로 압박했고, 부모는 정체성과 의무감을 덧씌웠으며, SNS는 반복 노출로 무의식을 장악했다.

아리스토텔레스의 삼각형은 이렇게 매일, 사소한 장면 속에서 되살아난다. 우리는 거창한 연설장에서만 설득당하는 것이 아니다. 오히려 일상의 대화 속에서 더 쉽게 설득된다. 왜냐하면 방심하기 때문이다. 다크 심리학은 이 틈을 노려, "내가 스스로 선택했다"는 착각 속에서 우리의 판단을 설계한다.

일상은 이미 전장이다

중요한 것은 "나도 모르게 끌렸다"는 경험을 가볍게 여기지 않는 것이다. 카페에서의 작은 선택, 친구와의 짧은 대화, 연인의 한마디, 상사의 지시, 부모의 기대, SNS의 반복 노출.

이 모든 것이 누적되면 어느새 습관과 정체성으로 굳어진다.

다크 심리학은 그 과정 전체를 노린다. 당신의 하루는 이미 설득의 전장이다. 아침 뉴스, 점심 대화, 저녁 회의까지 모든 순간이 누군가의 전략적 언어로 채워져 있다. 문제는 설득이 멀리 있지 않다는 것이다. 설득은 곁에 있고, 이미 당신을 움직이고 있다.

다크 심리학의 설득은 회색지대를 노린다

누군가가 당신을 설득할 때, 그것이 진심 어린 제안인지 아니면 의도된 조종인지 어떻게 구분할 수 있을까? 설득은 인간관계에 반드시 필요한 행위다. 부모가 자녀에게 공부를 권하는 것도, 의사가 환자에게 치료를 권하는 것도, 상사가 직원에게 새로운 방식을 제안하는 것도 모두 설득이다. 하지만 다크 심리학은 이 건강한 설득과 파괴적인 조종의 경계를 교묘하게 흐려놓는다.

설득은 나의 이익을 위한 것이기도 하지만, 상대방이 더 나은 결정을 내리도록 돕는 효과가 있다. 내가 이득을 보더라도,

상대도 역시 어느 정도의 이익을 보게 되어 있다. 조종은 상대방이 알지 못하는 사이에 오로지 설득하는 사람의 이익을 위해 상대가 결정을 내리도록 유도하는 과정이다. 표면적으로는 비슷해 보이지만, 본질은 전혀 다르다.

설득과 조작의 경계는 모호하다.

 설득과 조종의 차이를 구분하는 기준은 세 가지 정도를 생각해 볼 수 있다. 먼저 자율성의 문제가 있다. 상대방이 충분한 정보와 여유를 가지고 스스로 선택할 수 있다면 상대의 자율성이 보장되고 있는 것이다. 그렇지 않고 압박 속에서 끌려가고 있다면 자율적으로 선택하고 있다고 볼 수 없다. 정직성의 문제도 있다. 제시되는 정보가 사실에 기반하고 있는가, 아니면 왜곡·과장이 포함되어 있는가? 관계 속의 부탁과 요청이 상호적이고 균형 잡혀 있는가, 아니면 일방적으로 한쪽에만 부담을 지우는가도 고려해야 한다. 이 기준이 무너지는 순간, 설득은 다크 심리학적 조종으로 변한다.

 다크 심리학의 무서움은 바로 이 경계의 모호함에 있다. 노골적인 협박이나 강압은 누구나 쉽게 눈치챈다. 하지만 다크 심리학은 합리적 제안과 위장된 압박을 교묘하게 섞는다. 상대는 자신이 조종당하고 있다는 사실을 자각하지 못한 채 "내가 스스로 선택한 것"이라고 믿는다.

노골적인 협박과 강압은
다크 심리학의 도구가 아니다.

예를 들어, 마케팅에서는 "당신의 자유로운 선택"이라는 문구와 "오늘만 할인"이라는 압박이 함께 등장한다. 연애 관계에서는 "솔직함이 중요하다"는 말과 "숨기는 건 없는 거지?"라는 감시가 뒤섞인다. 직장에서는 "자율적 협력"과 "우리 팀은 가족"이라는 모순된 메시지가 공존한다. 이렇게 설득과 조종의 언어가 한 문장 안에 교차할 때, 우리는 분별력을 잃는다.

우리가 이 경계를 잘 구분하지 못하는 이유는, 인간이 본래 자율성과 관계 욕구를 동시에 가지고 있기 때문이다. 스스로 선택하고 싶으면서도, 타인과 연결되어 있고 싶다. 다크 심리학은 바로 이 모순을 파고든다. 인간의 본능적 욕구가 설득과 조종의 경계를 흐리게 만드는 것이다.

건강한 설득과 다크 심리학적 조종은 칼로 무 자르듯 구분되지 않는다. 대부분은 그 사이의 회색지대에 존재한다. 다크 심리학은 바로 이 모호한 지대를 이용한다. 따라서 우리가 해야 할 일은 단순히 "설득은 괜찮고, 조종은 나쁘다"라고 나누는 것이 아니다. 중요한 것은 자율성과 정직성, 호혜성이 유지되고 있는지 끊임없이 점검하는 것이다.

"이 제안은 정말 내 선택을 존중하고 있는가?"

"이 감정 자극은 사실에 근거한 것인가?"

"이 관계적 요청은 서로에게 공평한가?"

이 질문을 던지지 않는 순간, 우리는 이미 다크 심리학적 조종 속으로 발을 들여놓은 것이다.

설득하라 그리고 자유를 얻어라

역사 속 권력자들은 이 원리를 가장 극단적으로 활용했다. 히틀러와 괴벨스는 반복된 구호와 이미지로 군중의 인지를 장악했고, 공포와 희망을 교차시켜 감정을 휘둘렀으며, "민족"이라는 관계적 정체성을 내세워 집단적 복종을 이끌어냈다. 마키아벨리와 한비자는 인간은 본래 이기적이므로 두려움과 상벌로만 움직인다고 보았고, 이 논리를 설득의 기술로 체계화했다. 이처럼 권력자의 언어는 멀리 있는 과거의 유물이 아니라, 오늘날 우리 삶 속 설득 구조와 동일한 뼈대를 공유한다.

다크 심리학은 바로 이 삼각형, 로고스·파토스·에토스를 가장 교묘하게 비틀어낸다. 카페 점원의 제안은 인지적 프레임을 바꾸고, 연인의 서운한 말은 감정을 압박하며, 직장 상사의 발언은 관계적 의무를 강화한다. 이 세 가지는 각각 따로 작동하기도 하지만, 교차되면 훨씬 더 강력한 힘을 발휘한다. 중요한 것은 설득자가 어떤 축을 노리고 있는지를 자각하는 것이다.

이제부터 이어질 2부에서는 인지를 조작하는 기법들을 다룬다. 프레이밍, 반복, 스토리텔링이 어떻게 우리의 판단 구조를 바꾸는지 확인할 것이다. 3부에서는 감정을 활용한 설득으로 넘어간다. 공포와 희망, 분노와 유머 같은 정서가 어떻게 이성을 압도하는지 살펴본다. 4부에서는 관계의 힘이 등장한다. 권위, 사회적 증거, 심리적 계약 같은 장치가 어떻게 신뢰와 의무를 설계하는지 드러난다. 마지막 5부에서는 이 모든 요소가 결합될 때 어떤 총체적 조종이 가능한지 보여줄 것이다. 당신은 이미 매일의 삶 속에서 이 지도 위를 걷고 있다. 이제 그 길을 따라가며, 각 축이 어떻게 교묘히 활용되는지 하나씩 해부해 보자.

"미로 속에서 헤매게 하라"

2부

인지를 겨냥한 설득 기술

논리 대신 서사로 끌어당겨라

이야기로 논리를 대체하기

CEO가 이사회에서 신규 사업 제안을 한다.

첫 번째 프레젠테이션 "시장 분석 결과 23.7%의 성장률을 보이며, ROI는 약 156%로 예상됩니다. 경쟁사 대비 우위 요소는…" 임원들은 졸기 시작한다.

두 번째 프레젠테이션 "작년에 한 스타트업이 비슷한 아이디어로 6개월 만에 10배 성장했습니다. 그들의 창업자는 차고에서 시작해서…" 갑자기 모든 임원이 귀를 기울이기 시작한다.

이것이 바로 스토리의 힘이다. 인간의 뇌는 이야기에 강한 자극을 받는다. 수치와 그래프는 최근 몇백 년의 발명품이지만, 이야기는 인류의 DNA에 새겨진 의사소통 방식이다. 그래서 아무리 논리적인 사람도 좋은 이야기 앞에서는 감정이 먼저 반응한다.

서사적 수용 narrative transportation 은 현대 심리학이 발견한 가장 강력한 설득 메커니즘 가운데 하나다. 사람들이 이야기에 깊이 빠져들면, 뇌의 비판적 사고 영역이 일시적으로 억제된다. 대신 감정과 공감을 담당하는 영역이 활성화되면서, 이야기 속 인물의 경험을 마치 자신의 것처럼 느끼게 된다.

서사를 사용한 설득은 뇌에 각인된다.

더 놀라운 것은 이런 신경학적 동조 현상이다. fMRI를 활용한 연구에 따르면, 흥미진진한 이야기를 들을 때 화자와 청자의 뇌파가 활성화된다. 그런데 이때 언어 처리 및 감정 관련 영역에서 시간에 따라 유사한 뇌의 활성화 패턴을 보인다. 말 그대로 같은 주파수로 진동하는 것이다. 이 순간 화자의 감정, 가치관, 심지어 편견까지도 청자에게 효과적으로 전이된다.

사람들은 이런 조작을 당하고 있다는 사실을 전혀 깨닫지 못한다는 것이다. 논리적 설득을 받을 때는 '나를 설득하려고 하는구나' 하는 방어막이 올라간다. 하지만 이야기를 들을 때는 그냥 재미있는 얘기를 듣는다고 생각한다. 그 사이에 설득자의 메시지가 몰래 마음속 깊이 파고든다.

스토리텔링을 잘하는 사람들은 이 원리를 완벽하게 이해하고 있다. 애플의 스티브 잡스는 제품 발표회에서 기술 사양을 나열하지 않았다. 그는 아이팟을 설명하면서 대신 "1,000곡을 주머니에"라는 이야기를 했다. 테슬라의 일론 머스크는 전기차의 효율성을 말하지 않는다. "화성에 가는 꿈"을 이야기한다. 그들은 제품이 아니라 꿈을 판다.

은유와 내러티브의 힘

언어는 단순한 의사소통 도구가 아니다. 사고를 결정하는 틀이다. **어떤 은유를 사용하느냐에 따라 사람들의 인식 자체가 바뀐다.** 이를 개념적 은유 이론이라고 한다. "토론은 전쟁이다"라는 은유를 쓰면, 사람들은 상대방을 적으로 보고 승부에 집착한다. "토론은 춤이다"라는 은유를 쓰면, 조화와 협력에 집중하게 된다. 같은 현실이지만 완전히 다른 세계가 된다.

정치인들은 이 원리를 무자비하게 악용한다. 경제 정책을 "국가의 살림살이"로 비유하면 검소함과 절약이 강조된다. 같은 정책을 "국가 성장 동력"으로 비유하면 투자와 확장이 중요해진다. 은유가 바뀌면 정책에 대한 국민의 인식도 완전히 달라진다.

총은 몸을 해치지만, 이야기는 마음을 정복한다.

기업들도 마찬가지다. 고객을 왕이라고 부르면 서비스 마인드가 강조되고, 파트너라고 부르면 상호 협력이 강조된다. 가족이라고 부르면 충성도와 소속감이 강조된다. 단어 하나가 전체 조직 문화를 바꾼다.

더 교묘한 것은 '프레이밍 내러티브'다. 단순히 은유를 쓰는 것을 넘어서, **상대방의 경험을 특정한 서사 구조로 재해석하게 만드는 것이다.** "당신의 인생은 지금 전환점에 서 있습니다. 이 기회를 놓치면…"이라고 하면, 듣는 사람은 자신의 현재 상황을 드라마의 한 장면으로 보게 된다. 나는 지금 누군가의 이야기에 빠져 있지는 않은가? 특히 감정이 고조되거나 몰입하고 있을 때는 비판적 사고가 마비될 수 있다.

만약 내가 설득자라면, 상대가 이야기가 끝난 뒤 메시지를 냉정히 분석할 시간을 주어서는 안 될 것이다. 반대로 내가 남의 이야기를 듣고 있는 상황이라면 서사를 이용한 설득이 진행되고 있다는 점을 인식하고, 잠시 거리를 두어야 한다. 상대가 전달하려던 핵심 메시지만을 남겨 냉정히 분석해보는 것이 필요하다.

원칙1 영웅 서사 구조를 이용해 몰입시켜라

고전적인 영웅 서사 구조를 활용해서 상대방을 이야기의 주인공으로 만드는 방법이다. '평범한 일상 → 문제 발생 → 멘토 등장 → 시련 극복 → 변화된 삶'이라는 구조로 설득 메시지를 포장한다.

"지금까지 당신은 평범한 직장인으로 살아왔습니다(평범한 일상). 하지만 AI 시대가 오면서 기존 일자리가 위험해지고 있죠(문제 발생). 저희가 그 해답을 제시하고 싶습니다(멘토 등장). 물론 새로운 도전이니까 쉽지는 않을 거예요(시련). 하지만 이걸 극복하면 완전히 다른 인생이 기다리고 있습니다(변화된 삶)."

이런 구조로 말하면 듣는 사람은 자연스럽게 자신을 영웅의 위치에 놓고, 제안자를 도움을 주는 현명한 멘토로 인식한다. 거부하는 것이 마치 자신의 성장을 거부하는 것처럼 느껴진다.

원칙2 대비 서사로 선택을 유도하라

두 개의 상반된 이야기를 연속으로 제시해서 명확한 대비를 만드는 방법이다. 첫 번째 이야기는 잘못된 선택의 결과를, 두 번째 이야기는 올바른 선택의 결과를 보여준다.

"A씨는 이런 기회가 왔을 때 '나중에 생각해보겠다'고 했습니다. 1년 후 같은 기회는 다시 오지 않았고, 지금도 똑같은 일상을 반복하고 있어요. 반면 B씨는 바로 결정했습니다. 처음엔 힘들었지만 6개월 후 완전히 다른 사람이 되어 있었어요. 지금은 연봉이 두 배가 됐고…"

이런 대비 서사는 청자로 하여금 "나는 A씨가 될 것인가, B씨가 될 것인가?"라는 이분법적 선택 상황에 놓이게 만든다. 제3의 선택지는 고려하지 않게 되고, 당연히 B씨 같은 결과를 원하게 된다.

원칙3 연쇄적으로 감정을 연상시켜라

하나의 감정에서 시작해서 점점 더 강한 감정으로 이어지는 연상 고리를 만드는 방법이다. 이야기 속에서 감정의 강도를 점진적으로 높여가면서 청자를 깊은 몰입 상태로 이끈다.

"처음에는 단순한 호기심이었어요(약한 흥미). 그런데 조사해보니 정말 놀라운 사실들을 발견하게 됐죠(강한 흥미). 다른 사람들은 이미 시작했는데 나만 모르고 있었다는 걸 알게 됐어요(불안감). 이걸 놓치면 평생 후회할 것 같다는 생각이 들었습니다(두려움). 그래서 용기를 내서 시작했는데(결단력)…"

이런 감정 연상 체인은 청자가 이야기 속 인물과 감정적으로 동조하게 만든다. 마지막에 행동 촉구가 나올 때는 이미 감정적으로 준비된 상태가 되어 있다.

쉽게 해보는 스토리텔링 설득 전략

연애

연애에서 스토리텔링은 상대방의 감정을 움직이고 관계의 미래를 그려보게 하는 강력한 도구다. 직접적인 고백보다 은유와 이야기를 통한 우회적 접근이 더 효과적이다. 만약 상대가 성장하는 사람에 대한 선호가 있다는 신호가 있다면, 이렇게 이야기를 만들어볼 수 있다. "예전에는 정말 내성적이었는데, 한 번의 여행에서 완전히 달라졌어요"라며 변화와 성장의 서사를 만든다. 상대방은 자연스럽게 '나도 이 사람과 함께하면 성장할 수 있을까?' 하는 생각을 하게 된다.

관계가 발전하면서는 "우리의 이야기"를 만들어가야 한다. 첫 만남의 우연함, 함께 겪은 특별한 순간들, 앞으로의 계획들을 하나의 로맨틱한 서사로 엮어낸다. 영웅 서사 구조를 사용하면서 연쇄적으로 감정을 촉발시키면 좋다.

직장

직장에서 팀을 이끌거나 상사를 설득할 때도 스토리텔링이 핵심이다. 추상적인 목표나 수치보다는 구체적인 성공 스토리가 더 강력하다. 신규 프로젝트를 제안할 때는 성공한 타 기업의 사례를 생생하게 들려준다. "작년에 경쟁사 A가 비슷한 프로젝트로 시장 점유율을 30% 끌어올렸어요. 그들의 프로젝트 팀장이 나중에 인터뷰에서 이렇게 말했죠…" 구체적인 인물과 상황이 나오면 현실감이 크게 높아진다.

팀원들에게 동기를 부여할 때는 미래의 성공 시나리오를 그려보게 한다. "이 프로젝트가 성공하면 우리 팀이 회사 역사에 남을 거예요. 5년 후에 신입사원들이 '그때 그 프로젝트 한 분들이세요?'라고 물어볼 겁니다."

가족

가족 관계에서는 감정적 유대가 깊기 때문에 스토리텔링의 효과가 더욱 크다. 특히 세대 간의 갈등을 해결할 때 서로의 경험담을 나누는 것이 중요하다. 부모를 설득할 때는 그들의 젊은 시절 이야기를 먼저 들어준다. 이야기를 들은 뒤, "아버지도 젊었을 때 새로운 도전을 하고 싶어하셨잖아요"라며 그들의 과거 경험과 자신의 현재 상황을 연결한다. 그러면 자연스럽게 자녀의 입장을 이해하게 된다. 자녀를 설득할 때는 동세대 성공 사례를 활용한다. "네 또래 중에 이런 일을 해서 성공한 친구가 있어"라며 구체적인 사례를 들려준다. 추상적인 조언보다 또래의 실제 이야기가 더 설득력 있다.

스토리텔링 설득 전략에서 주의할 점

스토리텔링의 효과를 높이려다 과장하거나 허구를 만들어낼 수도 있다. 한번 거짓이 들통나면 모든 이야기의 신뢰성이 무너진다. 특히 현대에는 팩트체킹이 쉬워져서 작은 거짓말도 쉽게 발각된다. 진실에 기반한 이야기여야 지속 가능하다.

사람마다 선호하는 스토리 유형이 다르다. 논리적인 사람은 데이터가 포함된 이야기를, 감성적인 사람은 인간적인 드라마를 선호한다. 또한 문화적 배경에 따라 영웅 서사의 패턴도 다르다. 상대방의 성향과 배경을 파악해서 그에 맞는 스토리를 선택해야 한다. 잘못된 스토리는 오히려 거부감을 일으킨다.

스토리텔링으로 설득하는 사람의 말버릇

◆ **구체적인 인물과 상황으로 이야기를 시작한다**
  → "얼마 전에 한 고객이 저에게 이런 말을 했어요"
  → "제가 아는 분 중에 비슷한 경험을 하신 분이 있는데…"
  → "작년에 이런 일이 있었어요…"

◆ **감정 연상을 유도한다**
  → "비슷한 경험이 있으실 텐데…"
  → "마치 영화 같은 일이죠"

◆ **미래 시나리오로 마무리한다**
  → "이런 일이 당신에게도 일어날 수 있어요"
  → "이게 바로 우리가 만들어갈 이야기예요"

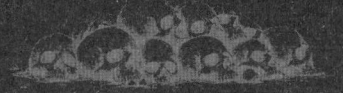

스토리텔링 설득 전략 체크리스트

■ 추상적 개념보다 구체적인 인물과 상황으로 이야기 시작하기

■ 영웅 서사 구조(평범함→문제→해결→변화)로 청자를 주인공 만들기

■ 성공·실패 사례를 대비시켜 명확한 선택지 제시하기

■ 감정 강도를 점진적으로 높여 몰입도 증가시키기

취약한 순간을 만들어라

설득에 취약한 순간들

새벽 2시, 한 남성이 온라인 쇼핑몰을 브라우징하고 있다. 업무 스트레스로 잠이 오지 않는 밤, 무심코 클릭한 광고에서 "단 3일 남은 특가 할인"이라는 문구가 눈에 들어온다. 평소 같으면 신중히 검토했을 구매를 그는 즉석에서 결정한다. 다음날 아침, 정신이 맑아진 상태에서 그 구매가 충동적이었음을 깨닫지만 이미 늦었다.

이것이 바로 메시지 수용성의 무서운 비밀이다. 같은 사람이 같은 메시지를 듣더라도, 그 순간의 상태에 따라 완전히 다른 반응을 보인다. 설득의 고수들은 메시지의 내용을 바꾸는 것보다 상대방이 설득당하기 쉬운 순간을 포착하는 것에 더 집중한다. 인간에게는 설득 방어막이 약해지는 특정한 순간들이 있다. 이런 순간을 '심리적 취약점'이라고 부르는데, 숙련된 조작자들은 이 지점들을 정확히 알고 있다.

첫째, 불확실성과 혼란의 순간이다. 미래가 불투명하고 어떤 선택을 해야 할지 모를 때, 사람들은 확실해 보이는 답에 매달린다. 경제 위기, 팬데믹, 개인적 위기 상황에서 사람들이 평소보다 극단적인 주장에 쉽게 빠지는 이유가 이것이다. 불확실성은 사고의 명료함을 흐리고, "적어도 이것은 확실하다"는 메시지에 강한 호감을 갖게 만든다.

말의 내용보다, 말을 건넨 순간의 힘이 더 강하다.

둘째, 사회적 고립과 외로움의 순간이다. 소속감을 잃은 사람은 새로운 관계와 집단에 강한 갈망을 느낀다. 이때 누군가 따뜻한 관심을 보이거나 "우리 편"이라는 메시지를 주면 쉽게 마음을 연다. 사이비 종교나 사기 집단이 주로 혼자 있는 시간이 많은 사람들, 최근에 이별이나 상실을 경험한 사람들을 타깃으로 하는 이유가 여기에 있다.

  셋째, 즉각적 욕구가 최고조에 달한 순간이다. 배고플 때, 성적으로 흥분했을 때, 돈이 급할 때 사람들은 장기적 결과를 고려하지 않고 즉석에서 결정한다. 마케터들이 점심시간에 음식 광고를 집중적으로 내보내고, 데이팅 앱에서 매력적인 사진을 미끼로 유료 결제를 유도하는 것도 이런 원리다.

  다크 심리학에서는 이런 순간들을 놓치지 말고 활용해야 한다고 가르치는 것은 물론, 더 나아가서 상대에게 이런 순간을 만들어주어야만 한다고 본다. 장시간 협상으로 상대방을 지치게 하거나, 복잡한 정보로 인지 부하를 높이거나, 시간 압박을 가해서 급하게 결정하도록 만드는 것이다.

원칙1 과부하시킨 뒤 단순한 정보를 주어라

상대방의 뇌를 복잡한 정보로 과부하시킨 다음, 단순하고 명확한 메시지를 제시하는 방법이다. 사람의 뇌는 복잡함에 지치면 단순함을 갈망하게 된다. 이 심리를 역이용하는 것이다. 먼저 상대방에게 복잡한 데이터, 여러 가지 선택지, 상충

하는 정보들을 한꺼번에 제시한다. "A안은 이런 장점이 있지만 저런 단점도 있고, B안은 초기 비용은 높지만 장기적으로는…", "C안은 위험도는 낮지만 수익성이…" 이런 식으로 정보를 계속 쏟아낸다. 상대방이 혼란스러워하며 "도대체 뭘 어떻게 해야 하는 거지?"라는 표정을 지을 때까지 기다린다.

취약한 순간은 기다리는 것이 아니라
만들어내는 것이다.

그다음 갑자기 톤을 바꿔서 명확하고 단순한 결론을 제시한다. "복잡하게 생각할 것 없이, 핵심은 이거예요." 이때 상대방의 뇌는 복잡함에서 벗어나고 싶은 강한 욕구 때문에 그 단순한 결론을 환영하며 받아들인다. 중요한 것은 마지막에 제시하는 메시지가 정말로 명확하고 실행 가능해야 한다는 점이다.

명확하고 실행 가능한 메시지는 단순히 짧은 말로 끝나는 것이 아니다. 그것은 몇 가지 조건을 갖춰야 한다. 첫째, 단순해야 한다. 복잡한 문장은 과부하 상태의 사람에게 흘려드는 소음일 뿐이다. 둘째, 구체적이어야 한다. "건강을 챙겨라"는 모호한 말보다 "오늘 밤 11시 전에 잠들어라"가 훨씬 강력하다. 셋째, 즉시 실행 가능해야 한다. '언젠가'가 아니라 '지금 당장' 할 수 있는 행동만이 지친 뇌를 움직인다. 넷째, 반복 가능해야 한다. 단발적 행동 지침은 쉽게 잊히지만, 매일 반복할 수 있는 습관 지침은 오래 남는다. 마지막으로, 감정과 연결돼야 한다. 단순한 지침이더라도, 그것이 가족, 명예, 두려움 같은 정서적 울림과 결합될 때 비로소 사람을 끝까지 움직이는 힘을 가진다.

원칙2 제시한 정보가 기본값임을 강조하라

여러 번의 선택을 강요해서 의사결정 피로를 유발한 다음, 마지막에 원하는 선택을 기본값으로 제시하는 방법이다. 사람들은 선택을 반복할수록 점점 더 단순한 기준으로 결정을 내리게 된다. 카페에서 "사이즈는 어떻게 하실까요? 원두는 어떤 걸로? 시럽은 추가하실까요? 휘핑크림은? 테이크아웃이세요 매장에서 드실까요?"라고 연속적으로 질문하는 것이 그 예다. 이미 여러 번 선택한 고객은 마지막에 "디저트도 함께

하시면 할인해드려요"라는 제안에 쉽게 동의한다. 여기까지는 앞의 원칙과 유사하다.

중요한 포인트는 앞선 선택들은 상대적으로 중요하지 않은 것들로 구성하고, 정말 원하는 것은 마지막에 배치하는 것이다. 그리고 마지막 선택지를 제시할 때는 "보통 이렇게 하시는데…", "대부분의 사람들이 선택하는 것은…" 같은 식으로 기본값임을 암시한다. 결정에 어려움을 겪게 된 상대는 다른 사람들이 대다수 하는 선택이라는 사실을 듣고는 크게 비판적으로 바라볼 여유도 없이 결정을 내리게 된다.

원칙3 감정에 동조한 뒤 유도한다

상대방의 현재 감정 상태에 완벽히 동조한 다음, 그 감정의 흐름을 타고 논리적 분석을 우회하는 방법이다. 감정이 높아져 있을 때는 논리보다 감정이 결정을 주도한다. 상대방이 화나 있다면 함께 화를 내고, 슬퍼한다면 함께 슬퍼하며, 흥분해 있다면 함께 흥분한다. "정말 화가 나실 만해요", "얼마나 속상하셨을까요", "정말 대단한 기회네요" 같은 식으로 감정에 완전히 동조한다. 이때 중요한 것은 진짜로 그 감정을 느끼는 것처럼 연기하는 것이 아니라, 실제로 상대방의 감정을 이해하고 공감하는 것이다. 감정적 동조가 완료되면 그 감정의 흐름을 원하는 방향으로 안내한다. "이런 상황에서 가장 중요한 것은…", "지금 필요한 것은…" 같은 식으로 감정 상태를 유지하면서 메시지를 전달한다. 상대방은 논리적으로 분석할 겨를 없이 감정의 흐름 속에서 동의하게 된다.

쉽게 해보는 타이밍 설득 전략

연애

연애에서 고백, 프러포즈, 중요한 대화의 타이밍은 결과를 좌우한다. 상대방이 감정적으로 열려 있고, 당신에게 호감을 느끼는 순간을 포착해야 한다. 가장 효과적인 순간은 함께 특별한 경험을 한 직후다. 콘서트, 여행, 영화 관람 후처럼 감정이 고조되어 있을 때 사람들은 평소보다 더 개방적이 된다. 또한 상대방이 스트레스를 받거나 외로움을 느낄 때 위로와 지지를 제공하면서 자연스럽게 중요한 이야기를 꺼낼 수 있다.

반대로 피해야 할 순간도 있다. 상대방이 피곤하거나, 다른 스트레스를 받고 있거나, 여러 사람이 있는 자리에서는 진지한 대화를 시도하지 않는 것이 좋다. 이런 상황에서는 아무리 좋은 말을 해도 제대로 전달되지 않는다.

직장

직장에서 승진, 연봉 협상, 프로젝트 승인 같은 중요한 요청은 상사의 상태와 회사 상황을 면밀히 관찰한 후 제기해야 한다. 가장 좋은 타이밍은 상사가 좋은 소식을 들었거나 성과를 인정받은 직후다. 기분이 좋은 상태에서는 관대한 결정을 내릴 가능성이 높다. 또한 분기말이나 연말처럼 평가와 계획을 세우는 시기도 좋다. 이때는 자연스럽게 성과와 보상에 대한 대화를 시작할 수 있다. 반면 회사가 어려운 상황이거나, 상사가 스트레스를 받고 있거나, 바쁜 업무에 쫓기고 있을 때는 어떤 요청도 거절당하기 쉽다. 이런 상황에서는 요청보다는 도움을 제공하는 것이 현명하다.

가족

가족 간의 설득은 일상적인 접촉이 많기 때문에 특별한 순간을 포착하는 것이 중요하다. 특히 부모와 자녀, 부부 간에는 서로의 패턴을 잘 알고 있어서 더욱 정교한 타이밍이 필요하다. 부모를 설득할 때는 그들이 자랑스러워하는 순간을 활용한다. 자녀의 성과나 성장을 확인했을 때, 다른 사람들로부터 칭찬을 들었을 때는 마음이 열려 있다. 이때 진로나 미래 계획에 대한 진지한 대화를 시작할 수 있다. 자녀를 설득할 때는 그들의 관심사와 연결된 순간을 찾는다. 좋아하는 활동을 한 후, 친구들과 즐거운 시간을 보낸 후, 작은 성취를 이뤘을 때 중요한 이야기를 꺼내면 더 잘 받아들인다.

타이밍 전략에서 주의할 점

상대방의 상태를 잘못 읽으면 오히려 역효과가 난다. 슬퍼하는 사람에게 흥분된 톤으로 접근하거나, 피곤한 사람에게 복잡한 설명을 하면 거부감만 증가한다. 상황 판단 능력이 부족하면 설득은 실패한다. 정확한 상황 파악을 위해서는 상대방의 표정, 목소리 톤, 몸짓, 대화 내용을 종합적으로 관찰해야 한다. 그리고 불확실할 때는 직접 물어보는 것이 좋다. "지금 이야기하기 좋은 시간인가요?"라고 확인하는 것만으로도 많은 실수를 방지할 수 있다. 물론 그렇다고는 해도 사람의 심리는 변칙적이어서 아무리 정교하게 계산하고 관찰했다고 해도 예측이 엇나갈 수도 있다. 오늘은 피곤해서 쉽게 동의해줄 것이라 생각했는데, 오히려 예민해져서 단호하게 거절할 수도 있다.

취약한 순간을 노린 설득은 즉각적인 효과는 크지만, 나중에 상대방이 그 상황을 돌이켜봤을 때 조작당했다는 느낌을 받을 수 있다. 이는 장기적으로 관계에 좋지 않다. 지속 가능한 설득을 위해서는 상대방이 나중에 그 결정에 대해 후회하지 않을 만한 내용이어야 한다. 그리고 가능하면 충분한 시간을 두고 여러 번에 걸쳐 설득하는 것이 좋다.

타이밍 전략으로 설득하는 사람의 말버릇

◆ 상대방 상태를 확인한다
  → "지금 이야기하기 괜찮으세요?"
  → "많이 피곤해 보이시는데, 잠깐 괜찮으실까요?"

◆ 혼란을 일으킨 뒤 단순한 결론을 제시한다
  → "이것도 고려해야 하고, 저것도 생각해야 하고… 복잡하시죠?"
  → "결국 중요한 건 이 한 가지예요."

◆ 감정에 동조한 후 방향을 전환한다
  → "정말 힘드셨겠어요… 그래서 지금 필요한 건 이것입니다."

타이밍 설득 전략 체크리스트

■ 대화 전 상대방의 현재 상태(피로, 혼란, 감정)를 먼저 읽기

■ 인지 과부하를 준 뒤 단순하고 명확한 결론 제시하기

■ 감정 상태에 공감하고 그 흐름을 결론으로 연결하기

■ 긍정적 순간(칭찬·성과·호감)에 맞춰 중요한 부탁하기

■ 취약한 순간 활용 시 조작처럼 보이지 않게 자연스럽게 접근하기

선택지를 설계하라

'이 중 하나'라는 착각

고급 레스토랑에서 웨이터가 다가온다. "오늘 특별 메뉴로 랍스터와 스테이크 중에서 추천드리는데, 어떤 걸로 하시겠어요?" 손님은 잠시 고민하다가 둘 중 하나를 선택한다. 그런데 여기서 놓친 것이 있다. 처음부터 메뉴판에는 수십 가지 요리가 있었는데, 왜 갑자기 두 가지 중에서만 고르게 되었을까? 숙련된 영업사원은 "구매하시겠어요?"라고 묻지 않는다. 대신 "현금으로 하시겠어요, 카드로 하시겠어요?"라고 묻는다. 질문 속에 이미 구매한다는 전제가 깔려 있고, 고객은 결제 방식을 고르는 순간 구매를 수락한 것이 된다. 이것이 전제 질문 presupposed question 기법이다.

이것이 바로 선택지 조작의 무서운 힘이다. 조종자는 수많은 가능성 중에서 자신이 원하는 몇 가지만 테이블 위에 올려놓는다. 그리고 마치 그것이 전부인 양 착각하게 만든다. 피조종자는 내가 선택했다고 생각하지만, 실제로는 이미 짜여진 각본 속에서 허용된 역할만 하고 있을 뿐이다.

선택지를 만들어내는 능력이 진정한 자유다.

인간의 뇌는 제시된 선택지 안에서만 사고하는 경향이 있다. 마트에서 3가지 브랜드만 진열되어 있으면 그 3가지 중에서 고르고, 정치에서 양당제가 일반화되면 제3의 선택지는 자동으로 배제된다. 뇌는 에너지 절약을 위해 주어진 옵션 밖으로 나가서 새로운 대안을 찾는 수고를 하지 않으려 한다.

복잡한 현실을 단순히 A 아니면 B로 축소시켜야 한다. "우리편 아니면 적", "성공 아니면 실패", "지금 아니면 영원히 안돼" 같은 구조다. 실제로는 A와 B 사이에 수십 가지 중간 지점이 있고, 아예 다른 차원의 선택지도 존재한다. 하지만 극단적 대비를 통해 사고의 스펙트럼을 인위적으로 좁혀버린다.

그렇지만 이런 기법은 역설적이게도 선택의 자유를 보장한다며 포장된다. 설득된 사람은 스스로 자유롭게 선택했다고 믿지만, 실제로는 그 설계도를 따라가면 설득자가 원하던 결과만이 남아있다. 현대 민주주의도 이런 방식으로 작동한다. 수많은 정치적 가능성 중에서 몇 개의 정당과 후보만이 현실적 선택지로 제시된다. 유권자는 그 안에서 선택하며 민주적 권리를 행사했다고 느끼지만, 정작 시스템 자체를 바꾸는 선택권은 애초에 테이블에 올라오지 않는다. 나에게 지금 제시된 선택지가 정말 전부일까? 다른 가능성은 없을까? 이 질문을 습관적으로 던져보는 것이 필요하다. 특히 "이 중 하나를 반드시 선택해야 한다"는 압박을 받을 때일수록 한 발 뒤로 물러서서 더 넓은 관점에서 상황을 바라봐야 한다.

원칙1 단계적으로 선택지를 제시하라

설득의 고수들은 처음부터 목표를 제시하지 않는다. 넓은 범주에서 시작해 점차 선택지를 좁혀가며 상대방의 사고를 특정 방향으로 몰고 간다. 예를 들어, "미래를 위해 준비하는 게 중요하다고 생각하세요?"라는 질문에는 거의 모든 사람이 동의한다. 이어서 "그럼 투자와 교육 중 어느 쪽에 더 관심 있으세요?"로 범위를 줄이고, 다시 "안정성과 수익성 중에서는 어떤 기준을 더 중시하세요?"라고 구체화한다. 마지막 단계에서 "그럼 이 상품이 딱 맞습니다"라는 제안이 나오면, 상대는 마치 스스로 결론에 도달한 것처럼 느낀다.

이 방식은 작은 '맞아요', '그래요'들이 쌓여 큰 결정을 정당화하는 효과를 만든다. 상대의 답변을 근거로 삼아 "방금 말씀하신 기준에 따르면…"이라는 연결고리를 사용하면, 설득은 상대의 논리 위에 세워진 것처럼 보이게 된다.

원칙2 중간 선택지를 매력적으로 포장하라

극단적인 두 선택지 사이에 중간 옵션을 배치해서 그 중간 옵션이 가장 합리적으로 보이게 만드는 방법이다. 실제 목표는 중간 옵션이지만, 극단 옵션들이 있어야 중간 옵션의 매력이 부각된다. 가격 협상에서 자주 사용된다. "일반 서비스는

100만 원, 프리미엄 서비스는 500만 원, 스탠다드 서비스는 250만 원입니다." 실제 목표는 250만 원짜리 스탠다드 서비스인데, 100만 원과 500만 원이라는 극단 옵션을 제시함으로써 250만 원이 적정 가격으로 보이게 만든다.

업무 배분에서도 활용할 수 있다. "이 프로젝트를 혼자 다 맡으시거나, 아예 안 하시거나, 팀원 한 명과 함께 하시거나…" 혼자 다 하는 것은 부담스럽고, 아예 안 하는 것은 무책임해 보이니까 자연스럽게 팀원과 함께 하는 옵션이 선택된다. 중요한 것은 극단 옵션들이 진짜로 실행 가능해 보여야 한다는 점이다. 너무 비현실적이면 조작 의도가 들통난다. 그리고 중간 옵션이 극단들의 절충안처럼 느껴져야 한다.

원칙3 일부러 거절당하라

일부러 거절당하는 선택지 설계 방법도 있다. 양보 대안 concession alternative 기법이라고 한다. 예를 들어, 아이가 부모에게 "주말에 친구들과 여행 가고 싶다"고 말해 일부러 거절당한다. 이어서 "그럼 친구 집에서 하룻밤만 자고 올게요"라고 제시하면, 두 번째 요구는 훨씬 합리적이고 안전해 보인다. 부모는 '큰 요구를 거절하고 작은 요구를 허락했다'고 느끼지만, 사실 아이의 목표는 처음부터 작은 요구였을 가능성이 크다.

설계된 거절만을 허락하라.

이 방식은 협상, 마케팅, 인간관계 어디에서나 응용된다. 직장에서 "연봉 1천만 원 인상" 같은 비현실적 요구를 먼저 던지고, 이어서 "그럼 최소 500만 원은 가능하죠?"라고 말하면 두 번째 요구가 합리적으로 들린다. 연인 관계에서도 "한 달 여행 가자"라는 큰 요구가 거절당한 후 "그럼 주말 여행이라도 가자"는 제안은 수용될 확률이 높아진다.

결국 설득자는 상대방의 '심리적 양보 과정'을 설계한다. 처음부터 원하는 것을 직접 요구하는 대신, 일부러 거절을 거쳐 상대방이 주도권을 쥐고 있다고 착각하게 만든다. 그러나 실상은 조종자의 계산된 각본 속에서 움직이는 것이다.

쉽게 해보는 선택지 설계 전략

연애

 연애에서 선택지 조작은 관계의 주도권을 잡는 핵심 기술이다. 직접적인 강요보다는 선택의 여지를 주는 것처럼 보이면서 원하는 결과를 얻는다. 만일 영화를 보고 싶을 때 데이트 계획을 세운다면 "영화 볼래, 식사할래?"라고 묻는 것보다 "이 영화와 저 영화 중에 어떤 걸 볼까?"라고 물으면 좋다. 전자는 영화를 안 보는 선택지가 있지만, 후자는 영화를 본다는 전제 하에 선택만 하게 된다.

 관계의 발전 단계에서도 마찬가지다. "사귈래?"라는 직접적 질문보다는 "우리 관계를 좀 더 진지하게 발전시킬까, 아니면 지금처럼 편하게 지낼까?"라고 묻는다. 두 선택지 모두 관계 지속을 전제로 하고 있어서 이별이라는 옵션은 자동으로 배제된다. 갈등 상황에서도 활용할 수 있다. "내가 틀렸다고 생각해?"라는 대립적 질문보다는 "우리가 이 문제를 어떻게 해결하면 좋을까? A방법과 B방법 중에서…"라고 접근한다. 문제 해결이라는 협력적 프레임 안에서 선택지를 제시하는 것이다.

직장

직장에서는 위계질서와 업무 효율성을 고려해 선택지를 설계해야 한다. 부하직원에게 일을 맡길 때나 상사를 설득할 때 모두 선택의 형태로 포장하면 저항이 줄어든다. 부하직원에게 "이 업무 해줄 수 있어?"라고 직접 부탁하면 거절할지도 모른다. 대신 "이 업무를 오늘 처리하겠나 아니면 내일 처리하겠나?"라고 묻는다. 언제 할 것인지만 선택하게 해서 할 것인지 말 것인지는 선택지에서 제외시킨다.

상사를 설득할 때는 여러 안을 제시하되 그 중 하나는 의도적으로 과도하게 만든다. "A안은 비용이 많이 들고, C안은 효과가 불확실한데, B안은 적정 비용으로 확실한 효과를 볼 수 있습니다." B안이 실제 목표였지만 A, C안과의 대비를 통해 더 매력적으로 보이게 만든다. 팀 회의에서도 활용할 수 있다. "이 프로젝트를 진행할까요, 말까요?"라고 묻지 말고 "이 프로젝트를 어떤 방식으로 진행할까요?"라고 묻는다. 진행한다는 전제하에 방법론만 논의하게 만드는 것이다.

가족

가족 간의 갈등에서는 감정이 복잡하게 얽혀 있어서 선택지 설계가 더욱 중요하다. 특히 부모와 자녀, 부부 간에는 서로 다른 가치관과 우선순위를 조율해야 한다. 자녀를 훈육할 때 "공부 안 하면 게임 못 해"라는 벌칙보다는 "공부하고 게임할래, 공부하고 TV 볼래?"라는 선택지를 제시한다. 공부는 기본 전제로 하고, 그 이후의 활동만 선택하게 하는 것이다.

부부간의 의견 차이가 있을 때도 "당신이 틀렸어"라는 대립보다는 "우리가 이 문제를 A방식으로 해결할까, B방식으로 해결할까?"라고 접근한다. 문제 해결이라는 공동 목표 안에서 방법론을 선택하게 만든다. 경제적 의사결정에서도 마찬가지다. "이걸 살까, 말까?"보다는 "이걸 언제 살까? 지금 살까, 나중에 살까?"라고 묻는다. 구매한다는 전제하에 타이밍만 선택하게 하는 것이다.

선택지 설계 전략에서 주의할 점

선택지 조작을 너무 노골적으로 하면 상대방이 조작당하고 있다는 느낌을 받는다. 특히 똑똑한 사람일수록 제한된 선택지의 의도를 쉽게 간파한다. 한번 들통나면 모든 제안에 대해 의심하게 된다. **자연스러움이 가장 중요하다**. 선택지가 상황과 맥락에 맞아야 하고, 상대방의 관점에서도 합리적으로 보여야 한다. 그리고 가끔은 진짜로 선택의 자유를 주는 것도 필요하다.

만약에 선택지 설계 전략이 실패하면, 상대방이 선택지 조작을 눈치채고 의도적으로 예상 밖의 선택을 할 수 있다. "이 두 개 중에 하나를 고르라고? 그럼 나는 아무것도 안 고를래"라는 반응이 나올 수 있다. 이런 상황에 대비해서 플랜 B를 준비해야 한다. 그리고 상대방이 선택지 밖으로 나가려 할 때 자연스럽게 **다시 선택지 안으로 유도할 수 있는 방법을 미리 생각해둬야 한다.**

선택지 설계 전략으로 설득하는 사람의 말버릇

◆ **선택지만 제시한다**
　→ "언제 시작할까요? 이번 주? 다음 주?"
　→ "어떤 방식으로 진행하시겠어요?"

◆ **극단적 이분법을 사용한다**
　→ "이것 아니면 실패예요"
　→ "우리편 아니면 적이에요"
　→ "성공 아니면 포기죠"

◆ **거절을 어렵게 만든다**
　→ "저를 믿고 한 번만…"
　→ "우리 사이인데 이것도 안 되나요?"

선택지 설계 전략 체크리스트

- ■ 넓은 범위에서 시작해 점차 선택지를 좁혀가기

- ■ 극단적 옵션 사이에 중간 선택지를 배치하기

- ■ "할까 말까" 대신 "어떻게 할까" 질문으로 접근하기

- ■ 현재 상태를 기준점으로 설정하고 다른 선택은 손실 위험으로 프레이밍하기

- ■ 거절에 따른 심리적 부담을 높여 동의 유도하기

- ■ 불신을 막기 위해 가끔은 실제 선택권도 제공하기

> "이성이 개입할 틈을
> 주지 마라"

3부

감정을 겨냥한 설득 기술

감정에 푹 빠지도록 하라

생생한 이미지와 감정의 몰입

한 강연장 무대 위에서 연사가 조용히 말하기 시작한다. "10년 전 오늘, 제 아버지가 쓰러지셨습니다. 병원 응급실에서 저를 바라보시던 그 눈빛을 저는 아직도 기억합니다." 그 순간 수백 명의 청중이 숨죽인다. 연사의 목소리가 떨릴 때마다 청중의 마음도 함께 흔들린다. 15분 후, 그들은 연사가 제안하는 헬스케어 솔루션에 열광적으로 박수를 보낸다. 논리적 검증 없이, 데이터 확인 없이, 오직 감정의 흐름만으로.

이것이 바로 감정 몰입의 무서운 힘이다. 인간의 뇌는 감정이 활성화되면 논리 회로가 억제되도록 설계되어 있다. 생존을 위해 빠른 반응이 필요했던 원시 시대의 유산이다. 위험한 상황에서 "이게 정말 호랑이가 맞나?" 하고 분석할 시간은 없었다. 두려움을 느끼는 순간 즉각 도망쳐야 생존할 수 있었다.

감정으로 이성을 잊게 하라.

현대의 설득 고수들은 이 원시적 메커니즘을 완벽하게 이해하고 있다. 그들은 논리로 머리를 공략하는 대신 감정으로 가슴을 정조준한다. 한번 감정의 물결에 휩쓸린 사람은 마치 최면에 걸린 것처럼 저항할 힘을 잃는다. 앞서 서사의 중요성을 강조하면서 인용했던 연구를 다시 떠올려보라. fMRI 연구에 따르면, 강력한 스토리를 들을 때 화자와 청자의 뇌파가 실시간으로 동기화된다. 말 그대로 같은 주파수로 진동하는 것이다. 이 순간 화자의 감정, 가치관, 심지어 편견까지도 청자에게 전이된다. 마치 정신적 전염병처럼 퍼져나간다.

가장 무서운 점은 청자가 이런 조작을 전혀 인식하지 못한다는 것이다. 논리적 설득을 당할 때는 "아, 나를 설득하려고 하는구나"라는 방어막이 올라간다. 하지만 감정적 몰입 상태에서는 그런 방어막 자체가 작동하지 않는다. 그냥 재미있는 이야기, 감동적인 사연, 흥미진진한 경험담을 듣는다고 생각할 뿐이다.

몰입 상태에서의 판단 마비

몰입하면 시간 감각이 사라지고, 주변 환경을 잊게 되며, 자아와 타자의 경계가 흐려진다. 소설을 읽다가 주인공이 된 듯한 느낌, 영화를 보다가 스크린 속으로 빨려들어가는 듯한 느낌이 바로 그것이다. 이런 상태에서는 현실 검증 능력이 마비된다. 상식적으로 말이 안 되는 일도 그럴듯하게 받아들인다. 과장된 주장도 사실처럼 느껴진다. 모순된 논리도 자연스럽게 연결되는 것 같다. 마치 꿈을 꿀 때 아무리 이상한 일이 벌어져도 그 순간에는 당연하게 받아들이는 것과 같다.

설득의 고수들은 이 판단 마비 상태를 정확히 노린다. 상대방이 충분히 몰입해서 비판적 사고가 마비될 때까지 기다린다. 그리고 그 순간에 핵심 메시지를 슬쩍 삽입한다. 마치 최면술사가 피최면자가 깊은 트랜스 상태에 빠졌을 때 암시를 주입하는 것처럼.

그런데 진짜 무서운 점은 이런 조작이 너무나 자연스럽고 즐겁다는 것이다. 피해자는 조작당하고 있다는 자각이 전혀 없다. 오히려 "재미있는 시간이었어", "정말 감동적이었어"라고 생각한다. 기꺼이 더 많은 이야기를 듣고 싶어한다. 따라서 설득을 하려는 사람은 듣는 사람이 몰입한 순간을 판단 마비 상태를 활용한 메시지 주입의 절호의 순간으로 인식해야 한다.

원칙1 생생하게 묘사하라

사람의 뇌는 추상적 개념보다 구체적 이미지에 훨씬 더 강하게 반응한다. 이는 단순히 '재미있게 설명한다'는 차원을 넘는다. 신경과학 연구에 따르면, 감각적 묘사가 들어간 문장을 들을 때 청자의 뇌는 실제로 감각 자극을 받는 것과 유사하게 활성화된다. 즉, "따뜻한 햇살"이라는 말을 들으면 뇌의 체온 감각 영역이, "거친 모래밭"이라는 표현을 들으면 촉각 영역이 반응한다. 이처럼 생생한 디테일은 논리적 검증을 무력화하고, 청자의 주의를 온전히 장면 속으로 빨아들인다. 그래서 설득자는 사실적 정보와 감각적 디테일을 혼합해야 한다. 단순한 '사실 전달'이 아니라, 상대방이 머릿속에서 그 장면을 직접 체험하도록 만드는 것이 핵심이다.

"제품의 효율성이 뛰어납니다"라고 말하는 대신 이렇게 말해야 한다. "새벽 5시, 찬 공기가 얼굴을 스치는 공장에서 기계 소리가 거칠게 울려 퍼질 때, 다른 라인들은 모두 멈춰 섰는데 우리 제품만 묵묵히 돌아가고 있었습니다. 작업자들의 안도 섞인 한숨소리와 함께…" **불필요한 디테일까지 포함해야만 한다.** 논리적으로는 전혀 중요하지 않은 "새벽 5시", "찬 공기", "거친 기계 소리" 같은 요소들이 오히려 현실감을 증폭시킨다. 청자는 그 장면을 머릿속에서 재구성하느라 비판적 사고를 할 여유가 없어진다.

원칙2 감정의 수위를 점차 높여주라

감정은 파도처럼 한 번에 들이치면 쉽게 부서지고, 서서히 고조될 때 가장 큰 힘을 발휘한다. 그래서 뛰어난 연설가나 설득자는 처음부터 극적인 이야기를 꺼내지 않는다. 가벼운 흥미와 호기심을 자극하는 일화로 시작해, 점차 불안·갈등·절망 같은 강렬한 감정으로 청중을 끌고 간다. 마지막에는 희망이나 해소의 순간을 제공해 감정의 절정을 경험하게 만든다.

청중과 함께 호흡하며 그들의 감정을 들었다 놓아라.

이 방식은 청중이 '자연스럽게' 몰입하게 만드는 효과가 있다. 급격한 감정 자극은 '의도적 조작'이라는 방어막을 일으키지만, 단계적으로 감정을 높이면 청중은 자신이 스스로 몰입하고 있다고 착각한다. 설득자는 바로 그 착각을 이용해 메시지를 주입한다.

1단계에서는 가벼운 관심이나 호기심을 유발한다. "재미있는 일이 있었는데…" 2단계에서는 조금 더 개인적인 감정을 드러낸다. "사실 그때 정말 당황했어요." 3단계에서는 강한 감정을 표현한다. "그 순간 정말 절망적이었습니다." 4단계에서는 극적인 반전이나 깨달음을 제시한다. "그런데 바로 그때 깨달았죠." 각 단계마다 청자의 반응을 관찰하면서 속도를 조절해야 한다. 너무 빨리 올라가면 따라오지 못하고, 너무 느리면 지루해한다. **청자가 몰입할 때까지 충분히 기다렸다가 다음 단계로 넘어가야 한다.**

원칙3 나와 똑같다고 느끼게 하라

사람은 나와 비슷한 사람의 경험을 자신의 경험처럼 받아들인다. 이를 심리학에서는 동일시 효과라고 한다. 설득하려는 사람은 청자가 가진 정체성과 상황을 미리 파악하고, 그와 겹치는 특성을 가진 화자나 사례 인물을 등장시켜야 한다.

"나도 그래"라는 한마디가 최고의 설득이다.

예컨대 직장인 청중 앞에서는 "저도 매일 아침 출근길 지하철에서…"라고 시작하고, 부모 청중 앞에서는 "아이를 키우는 한 엄마가…"라고 시작한다. 이렇게 청중이 자신과 인물을 동일시하는 순간, 그 인물이 겪는 감정과 결론은 곧 청중 자신의 감정과 결론으로 연결된다. 더 나아가 설득자는 "나도 당신과 똑같이 고민했다"는 메시지를 반복함으로써 청중이 방어를 내려놓게 한다. 설득자 또는 일화의 인물이 겪는 갈등과 고민을 상세히 묘사하면서, 청자가 평소에 느꼈을 법한 감정들을 짚어낸다. 결국 청중은 '이 사람도 나 같은데, 그렇다면 이 사람이 제안하는 선택이 곧 내 선택일 수 있다'라는 심리에 빠진다.

쉽게 해보는 감정 몰입 설득 전략

연애

연애에서 감정 몰입은 상대방의 마음을 열고 깊은 유대감을 형성하는 핵심이다. 논리적 설득보다는 감정적 공감과 공유된 경험이 관계 발전에 훨씬 효과적이다.

첫 데이트에서 자신의 과거 이야기를 들려줄 때는 단순한 사실 나열이 아니라 그때의 감정과 느낌을 생생하게 전달한다. "대학교 때 동아리에서 활동했어요"라고 말하는 대신 "대학교 1학년 겨울, 첫 공연을 앞두고 떨리는 마음으로 무대 뒤에서 기다리던 그 순간의 설렘이 아직도 생생해요"라고 말한다. 상대방의 이야기를 들을 때도 감정에 집중한다. "그때 어떤 기분이었어요?", "정말 힘들었겠어요", "그 순간의 느낌을 상상할 수 있을 것 같아요" 같은 반응을 통해 감정적 동조를 만든다.

미래에 대한 이야기를 할 때는 구체적인 장면을 그려보게 한다. "우리가 늙어서도 함께 있으면 좋겠다"는 추상적 표현보다 "50년 후에도 이렇게 카페에 앉아서 커피 마시며 이야기하는 우리 모습 상상해봐"라는 구체적 이미지가 더 강력하다.

직장

직장에서 팀원들을 동기부여하거나 비전을 제시할 때도 감정 몰입이 핵심이다. 추상적인 목표나 수치보다는 구체적이고 감동적인 스토리가 더 효과적이다. 신규 프로젝트를 시작할 때 단순히 "매출 20% 증가가 목표입니다"라고 말하는 대신 성공 시나리오를 생생하게 그려준다. "1년 후 우리가 이 프로젝트로 성공했을 때, 고객들이 우리 제품을 사용하며 미소 짓는 모습, 경쟁사들이 우리를 벤치마킹하려는 모습, 우리 팀이 회사 전체의 롤모델이 되는 모습을 상상해보세요."

개인적인 성장 스토리도 효과적이다. "제가 처음 이 회사에 들어왔을 때는…"으로 시작해서 자신의 성장 과정을 솔직하게 들려준다. 팀원들은 리더의 인간적인 모습에 감정적으로 연결되고, 자신도 그런 성장을 경험할 수 있다는 희망을 갖게 된다.

실패 경험도 감정 몰입을 위한 좋은 소재다. "작년에 큰 실패를 했을 때 정말 절망적이었어요. 하지만 그 경험 덕분에 지금의 우리가 있다고 생각해요"라는 식으로 실패를 성장의 발판이라고 포장해 프레이밍해야 한다.

가족

가족 관계에서는 감정적 유대가 가장 중요하다. 특히 세대 간의 갈등이나 가치관 차이를 해결할 때 감정 몰입을 통한 상호 이해가 필요하다.

부모가 자녀를 설득할 때는 훈계보다는 자신의 경험담을 들려주는 것이 효과적이다. "공부해야 한다"라고 직접 말하는 대신 아빠가 너 나이 때 공부를 소홀히 해서 후회했던 이야기를 생생하게 들려준다. 자녀는 부모의 감정에 동조하면서 자연스럽게 교훈을 얻는다.

자녀가 부모를 설득할 때도 마찬가지다. "이건 정말 중요해요"라고 주장하는 대신 "이걸 하지 못했을 때 제가 얼마나 실망스러울지, 그리고 나중에 얼마나 후회할지"를 구체적으로 표현한다. 가족 회의나 중요한 결정을 할 때는 각자의 입장을 논리적으로 설명하기보다는 감정과 느낌을 솔직하게 나누는 시간을 먼저 갖는다. "내가 어떤 기분인지", "왜 이게 중요한지"를 감정적으로 공유하면 상호 이해가 깊어진다.

감정 몰입 설득 전략에서 주의할 점

너무 강한 감정 몰입은 오히려 거부감을 일으킬 수 있다. 특히 이성적이고 논리적인 성향의 사람들은 과도한 감정 어필을 불편해한다. 상대방의 성향을 파악해서 적절한 수준을 유지해야 한다. 또한 감정 몰입에만 의존하면 지속력이 떨어진다. 감정은 변하기 쉽고 시간이 지나면 식기 마련이다. 감정적 연결과 함께 논리적 근거도 제공해야 장기적으로 효과가 지속된다.

한편으로는 감정적 효과를 높이려다가 사실을 과장하거나 허구를 만들어내는 유혹이 있다. 하지만 한번 거짓이 들통나면 모든 신뢰가 무너진다. 현대에는 팩트체킹이 쉬워져서 작은 거짓말도 쉽게 발각된다. 진실에 기반한 감정적 스토리여야 지속 가능하다. 과장이 필요하다면 "이런 느낌이었어요", "마치 ~같았어요" 같은 주관적 표현을 사용해서 완충 장치를 만들어야 한다. 뒤에 문제가 되더라도 방어할 수 있기 때문이다.

감정 몰입 유도로 설득하는 사람의 말버릇

◆ **구체적 감각으로 현장감을 만든다**
  → "그때 찬 바람이 얼굴을 스칠 때…"
  → "심장이 쿵쾅거리는 소리가 들렸어요"
  → "손바닥에 땀이 촉촉하게 맺히는 게 느껴졌죠"

◆ **감정의 강도를 점진적으로 높인다**
  → "처음에는 그냥 신경 쓰이는 정도였는데…"
  → "점점 불안해지기 시작했어요"
  → "그 순간 정말 절망적이었습니다"

◆ **공감대를 만들어 동일시를 유도한다**
  → "당신과 비슷한 상황의 분이…"
  → "아마 당신도 그런 경험 있으실 텐데…"
  → "그 기분 정말 이해할 수 있을 것 같아요"

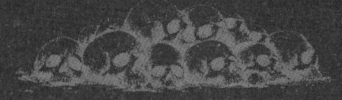

감정 몰입 유도 전략 체크리스트

■ 넓은 범위에서 시작해 점차 선택지를 좁혀가기

■ 극단적 옵션 사이에 중간 선택지를 배치하기

■ "할까 말까" 대신 "어떻게 할까" 질문으로 접근하기

■ 현재 상태를 기준점으로 설정하고 다른 선택은 손실 위험으로 프레이밍하기

■ 거절에 따른 심리적 부담을 높여 동의 유도하기

■ 불신을 막기 위해 가끔은 실제 선택권도 제공하기

희망과 두려움을 동시에 사용하라

뇌의 서로 다른 두 회로

보험 설계사가 30대 신혼부부를 만난다. "축하합니다! 새로운 시작이네요. 앞으로 아이도 태어나고 집도 마련하시고… 정말 행복한 미래가 기다리고 있어요." 부부의 얼굴에 미소가 번진다. 그런데 갑자기 설계사의 표정이 진지해진다. "그런데 만약… 정말 만약에 남편분에게 무슨 일이 생긴다면? 아내와 아이는 어떻게 될까요?" 순간 냉기가 돈다. 그리고 다시 희망을 제시한다. "하지만 걱정하지 마세요. 이 보험이 있으면 그런 일이 생겨도 가족을 지킬 수 있어요."

이것이 바로 희망과 두려움의 이중 공격이다. 설득의 고수들은 단 하나의 감정에만 의존하지 않는다. 대신 정반대의 두 감정을 교묘하게 조합해서 상대방을 감정의 롤러코스터에 태운다. 올라갔다 내려갔다를 반복하는 사이에 상대방은 판단력을 잃고 설득자가 제시하는 해결책에 매달리게 된다.

인간의 뇌는 희망과 두려움에 각각 다르게 반응한다. 희망은 도파민 시스템을 자극해서 기대감과 동기를 만든다. "더 좋은 미래가 기다린다"는 메시지에 뇌는 보상을 추구하는 모드로 전환된다. 반면 두려움은 편도체를 활성화시켜서 위험 회피 본능을 깨운다. "위험하다"는 신호에 뇌는 즉각적인 행동을 촉구한다.

감정들을 교차시켜 혼란에 빠뜨려라.

문제는 이 두 시스템이 동시에 작동할 때다. 평상시에는 이성적으로 판단하던 사람도 희망과 두려움이 교차로 자극되면 혼란에 빠진다. "좋은 기회인가? 위험한 함정인가?" 하고 망설이는 사이에 설득자는 "빨리 결정하세요. 기회는 기다리지 않아요"라며 압박을 가한다. 인간이 느끼는 감정에도 '닻

내림 효과'가 있다. 강한 두려움을 먼저 자극한 후 희망을 제시하면, 그 희망이 실제보다 훨씬 크게 느껴진다. 반대로 큰 희망을 먼저 보여준 후 두려움을 제시하면, 그 두려움이 참을 수 없이 절망적으로 느껴진다. **감정의 대비 효과를 이용하며, 그 감정을 훨씬 더 큰 감정처럼 포장할 수 있다.**

이 기법의 장점은 정치·광고·영업 등 어디에서나 응용 가능하다는 점이다. 뉴스는 위기를 강조한 뒤 해결책을 내놓고, 광고는 문제를 부각시킨 뒤 제품을 구원자로 제시하며, 정치인은 현재의 위험성을 경고한 뒤 자신을 '변화의 희망'으로 포장한다. 설득자가 의도적으로 감정의 롤러코스터를 설계할 때, 청자는 논리가 아니라 감정의 흐름 속에서 선택을 하게 된다.

공포와 기대를 동시에 자극하기

1953년, 심리학자 어빙 재니스와 세이모어 페시바흐는 공포를 이용한 메시지가 사람들의 태도와 행동을 얼마나 바꿀 수 있는지를 알아보기 위해 실험을 진행했다. 이 연구는 10대 고등학생들을 대상으로 했다.

연구자들은 참가자들을 세 그룹으로 나누고, 각각 다른 수준의 경고 메시지를 보여주었다. 첫 번째 그룹은 심하게 썩은 치아 사진과 극심한 통증 설명이 담긴 강한 공포 메시지를 받는다. 두 번째 그룹은 충치의 심각성을 중간 정도로 보여주는 메시지를 받는다. 세 번째 그룹은 충치에 대해 가볍게 설명하는 메시지를 접한다.

그런 다음 학생들이 메시지를 어떻게 받아들이는지, 실제로 칫솔질 습관 같은 행동 변화가 일어나는지를 관찰한다. 가장 강력한 공포 메시지를 받은 학생들은 오히려 불안감 때문에 메시지를 무시하거나 대수롭지 않게 여기는 방어적 태도를 보였다. 결국 이들은 태도나 행동 변화가 거의 없었다. 반대로 가장 약한 수준의 공포 메시지를 받은 학생들은 부담감 없이 메시지를 받아들이며 긍정적인 변화를 보였다.

과도한 공포로만은 사람을 움직일 수 없다.

이 실험은 중요한 교훈을 준다. 공포를 과도하게 강조하면 사람들은 방어 기제를 발동시켜 아예 메시지를 외면해 버린다. 따라서 무조건적으로 두려움을 극대화하는 방식은 오히려 역효과를 낳는다. 사람들은 너무 강한 공포는 회피하고 만다. 반대로 희망만으로도 부족하다. 절박함이 없으면 "나중에 해도 돼"라며 미룬다. 진짜 설득은 공포와 희망이 동시에 작동할 때 일어난다. "위험하다(공포), 하지만 해결책이 있다(희망), 지금 당장 해야 한다(긴급성)"의 삼박자가 맞아떨어질 때 사람들은 행동한다.

현대 마케팅은 이 원리를 정교하게 활용한다. 다이어트 광고를 보자. "살이 찌면 건강에 위험하고(공포), 외모에도 자신감을 잃게 되지만(더 큰 공포), 이 제품을 쓰면 건강하고 아름다워질 수 있어요(희망). 단, 한정 수량이니까 빨리 주문하세요(긴급성)." 정치도 마찬가지다. "경제가 무너지고 있고(공포), 일자리가 사라지고 있지만(더 큰 공포), 우리 정당이 집권하면 모든 것이 해결될 거예요(희망). 이번 선거가 마지막 기회입니다(긴급성)."

이 설득 방법이 더 효과적일 수 있는 부분은 상대에게 의존성을 심어줄 수 있다는 점이다. 문제를 해결할 수 있는 유일한 방법이 설득자에게만 있다고 믿게 만들면 유리하다. "나만이 당신을 구할 수 있어", "이 제품 없이는 불가능해", "우리가 아니면 누가 하겠어"라는 식으로 선택지를 독점한다.

원칙1 감정의 낙폭을 크게 만들어라

극단적인 감정의 전환은 설득에서 가장 강력한 효과를 발휘한다. 상대방의 불안과 두려움을 자극해 바닥까지 끌어내린 뒤, 극적인 희망을 던져주면 그 메시지는 단순한 정보가 아니라 '구원 경험'으로 각인된다. 인간의 기억은 강렬한 감정 변화가 일어나는 순간을 선명하게 저장한다. 그렇기 때문에 절망에서 희망으로, 혹은 희망에서 절망으로 급격히 전환되는 순간 설득 메시지는 강한 임팩트를 남긴다.

설득자는 이 낙폭을 인위적으로 설계해야 한다. 단순히 두려움을 주거나 희망을 보여주는 수준이 아니라, **감정의 온도차 자체가 극적으로 느껴지도록 연출해야 한다**. 예컨대 "지금 행동하지 않으면 큰 위기가 닥친다"라는 경고 뒤에 "하지만 이 방법을 쓰면 안전하게 보호받을 수 있다"라는 해결책을 던지는 것이다. 이때 상대방은 논리적으로 따지는 대신, 극적인 대비 속에서 제안 자체를 하나의 탈출구로 받아들이게 된다.

중요한 것은 타이밍이다. 너무 빨리 전환하면 진정성이 의심되고, 너무 늦으면 상대방이 포기해버린다. 상대방의 표정과 몸짓을 관찰하면서 가장 절망적인 순간에 희망을 던져주는 것이 핵심이다.

원칙2 천천히 두 감정의 극단을 모두 느끼게 하라

낙폭을 크게 만드는 것이 순간적 충격을 노리는 전략이라면, 점진적으로 감정을 끌어올리는 방식은 몰입도를 장기적으로 강화하는 방법이다. 사람은 강한 자극에 갑작스럽게 노출되면 방어기제를 발동하지만, 작은 감정 자극이 누적되면 저항하지 않고 따라가게 된다. 설득자는 처음에는 가벼운 불안이나 작은 기대감을 던진다. 이어서 점차 위협의 강도와 희망의 보상을 동시에 높여간다. 이 과정에서 상대방은 마치 드라마의 장면을 따라가듯 점차 몰입하게 되고, 어느 순간 스스로도 감정의 고조에 휘말린다.

핵심은 '균형 잡힌 상승'이다. 두려움만 계속 높이면 상대방은 도망치고, 희망만 계속 높이면 긴장감이 사라진다. 따라서 두려움과 희망을 교차시키며 동반 상승시키는 것이 효과적이다. 마지막 단계에 다다르면, 두려움은 행동을 촉구하는 압박이 되고, 희망은 그 행동을 정당화하는 보상이 된다. 이렇게 서서히 고조된 감정은 논리적 분석을 무력화시키고, 설득자의 메시지를 자연스럽게 받아들이게 만든다. 각 단계마다 상대방의 반응을 확인하면서 적절한 속도로 진행한다. 목표는 상대방이 두려움과 희망의 양극단을 모두 강하게 느끼게 만드는 것이다.

원칙3 다른 선택을 한 두 사람의 감정을 느껴보게 하라

대조 사례는 희망과 두려움을 동시에 자극할 수 있는 가장 직관적인 도구다. 인간은 추상적 설명보다 실제 인물의 이야기에서 훨씬 강하게 감정을 이입한다. 설득자는 상대방과 최대한 비슷한 조건을 가진 두 인물을 설정한다. 두 사람 모두 같은 출발선에 서 있었지만, 서로 다른 선택으로 극명하게 갈라진 결과를 보여준다. 한 사람은 두려움의 길로, 다른 한 사람은 희망의 길로 간 것이다.

이 방식은 단순히 '타인의 이야기'가 아니라, 청자가 곧바로 자기 자신을 대입하게 만든다. **"나는 어느 쪽이 될 것인가?"** 라는 질문이 자동으로 따라오기 때문이다. 특히 한쪽 인물이 실패와 후회를 겪는 장면은 강력한 두려움의 자극이 되고, 다른 인물이 성공과 보상을 얻는 장면은 강한 희망의 자극이 된다. 두 인물의 대비가 뚜렷할수록 메시지의 힘은 커지고, 결국 설득자는 청자를 스스로 희망적 결말을 선택하게끔 유도할 수 있다.

쉽게 해보는 희망과 두려움의 설득 전략

연애에서 희망과 두려움이 균형을 이루면 관계에 대한 몰입도가 높아진다. 너무 안전하면 지루해하고, 너무 불안하면 관계가 파괴된다. 적절한 긴장감과 안정감의 조합이 필요하다. 관계 초기에는 희망을 더 강조하면 좋다. 상대방이 관계에 대해 긍정적인 기대감을 갖도록 해야 한다. 관계가 어느 정도 진전되면 적절한 불안감도 조성해주어야 한다.

직장에서는 개인의 성장 욕구와 실패에 대한 두려움을 동시에 자극해서 높은 성과를 이끌어낸다. 당근과 채찍의 정교한 조합이 필요하다. 목표 설정 시에는 도전적이지만 달성 가능한 희망을 제시하면서 동시에 현실적인 위험도 언급해야 한다.

가족 관계에서는 무조건적인 사랑이라는 안전망 위에서 적절한 기대와 우려를 표현하는 것이 중요하다. 지나친 압박은 관계를 해치지만, 아무런 기대도 없으면 동기가 생기지 않는다. 자녀 교육에서는 미래의 가능성을 강조한다. "네가 이 분야에 정말 재능이 있는 것 같아. 열심히 하면 훌륭한 사람이 될 수 있을 거야." 아이의 잠재력에 대한 믿음을 보여준다.

동시에 현실적인 조언도 한다. "하지만 노력하지 않으면 재능도 무의미해져. 다른 아이들도 열심히 하고 있으니까 더 열심히 해야 해." 경쟁 상황과 노력의 필요성을 인식시킨다. 부모 자신의 경험담을 활용하는 것도 효과적이다. "아빠도 너 나이 때 비슷한 고민을 했어. 그때 포기했으면 지금의 아빠는 없었을 거야. 너는 더 큰 가능성이 있으니까 꼭 포기하지 말아라."

희망과 두려움의 설득 전략에서 주의할 점

희망과 두려움은 설득의 도구로 강력한 만큼 주의할 점도 많다. 설득자는 이 전략을 사용할 때 단기적 효과에 취해 장기적 부작용을 놓쳐서는 안 된다. 먼저 과도한 공포 자극은 역효과를 낳는다. 두려움은 사람을 움직이게 하지만, 지나치면 사람을 얼어붙게 만든다. 과격한 표현은 현실성이 떨어지는 경우도 많고 오히려 불신을 부른다. 반대로, 근거 없는 희망을 남발해서도 안 된다. 구체성이 없으면 금세 헛된 약속임이 탄로나고 만다. 또한 희망과 두려움의 균형을 잘 맞춰야 한다. 두려움만 주면 절망을 낳고, 희망만 강조하면 현실감이 사라진다.

중요한 것은 상대의 현재 심리 상태를 고려하는 것이다. 이미 불안이 극도로 큰 사람에게 두려움을 더 얹으면 붕괴를 초래한다. 반대로 지나치게 낙관적인 사람에게 희망만 던지면 공허한 공상으로 들릴 뿐이다. 설득자는 상대가 지금 어디에 있는지를 읽고, 그에 맞게 희망과 두려움의 비율을 조정해야 한다. 또 상대방의 반응을 지속적으로 관찰하면서 방식을 조절해야 한다.

한편 감정에 기반한 설득은 즉각적인 효과는 크지만, 지속력이 떨어질 수 있다. 감정이 식으면 다시 원래 상태로 돌아가기 쉽다. 특히 결정을 후회하게 되면 강한 반발이 일어날 수 있다. 따라서 다음에도 같은 방법을 또 써먹으려면 감정적 동기와 함께 논리적 근거도 제공해야 한다. 그리고 상대방이 스스로 그 결정에 대해 만족할 수 있도록 피드백을 지속해 주어야 한다. 또한 장기적 신뢰를 잊지 말아야 한다. 순간의 감정 조작으로 원하는 행동을 얻을 수는 있어도, 관계 자체가 무너진다면 장기적으로는 실패다. 설득자는 감정의 힘을 신중히 쓰고, 그 힘이 남기는 흔적까지 계산해야 한다.

희망과 두려움으로 함께 설득하는 사람의 말버릇

◆ **공포에서 희망으로 급격히 전환한다**
  → "정말 심각한 상황이에요… 하지만 다행히 해결책이 있어요"
  → "최악의 경우를 생각하면… 하지만 걱정하지 마세요"

◆ **대조적 운명을 제시한다**
  → "A는 이렇게 됐고, B는 저렇게 됐어요"
  → "어떤 사람들은 망했지만, 어떤 사람들은 성공했죠"

◆ **감정의 온도차를 극대화한다**
  → "정말 무서운 얘기인데… 희망적인 소식도 있어요"
  → "최악의 시나리오는… 하지만 최선의 시나리오는…"

희망과 두려움 병행 설득 체크리스트

■ 두려움과 희망을 함께 제시하되 해결책도 같이 제공하기

■ 극단적 감정 상태에서 반대 감정으로 전환해 임팩트 강화하기

■ 대조적 사례를 들어 운명의 분기점처럼 연출하기

■ 상대방 감정을 관찰하며 강도 조절하기

■ 현실에 기반한 공포와 희망으로 신뢰성 유지하기

■ 과도한 조작으로 관계 손상 방지하기

유머로 가까워져라

방어를 무너뜨리는 웃음

중고차 딜러가 까다로운 고객과 마주 앉아 있다. 20분째 가격 협상이 팽팽하다. 고객은 팔짱을 끼고 경계심 가득한 표정이다. 딜러가 잠시 뜸을 들이더니 웃으며 말한다. "솔직히 말씀드리면, 제가 이 차 팔면 남는 게 거의 없어요. 이러다 제가 라면으로 연명해야 할 판입니다. 하하하." 순간 고객이 웃음을 터뜨리고 분위기가 완전히 바뀐다. 10분 후, 계약서에 사인이 완료된다.

단 한 번의 웃음이 20분간의 경직된 협상을 뒤바꾼 것이다.

이것이 바로 유머의 마법이다. 웃음이 터지는 순간, 인간의 뇌에서는 극적인 변화가 일어난다. 스트레스 호르몬인 코르티솔이 급격히 감소하고, 친밀감과 유대감을 만드는 옥시토신이 대량 분비된다. 의심과 경계심을 담당하는 전두엽의 활동은 억제되고, 감정과 공감을 담당하는 변연계가 활성화된다.

웃음은 마음의 문을 연다.

더 무서운 것은 이런 변화가 무의식적으로 일어난다는 점이다. 사람들은 웃고 난 후에 자신이 왜 갑자기 상대방에게 호감을 느끼게 됐는지 정확한 이유를 모른다. 그냥 "이 사람 괜찮은 것 같아", "생각보다 좋은 사람이네"라고 느낄 뿐이다. 논리적 판단이 아니라 감정적 변화가 먼저 일어나고, 나중에 그것을 합리화한다. 설득의 고수들은 이 메커니즘을 완벽하게 이해하고 있다. 그들은 중요한 제안을 하기 전에 반드시 분위기 전환을 시도한다. 긴장되고 경직된 상황에서는 아무리 좋은 제안도 거절당하기 쉽다. 하지만 유머로 분위기를 풀어놓으면 같은 제안도 훨씬 잘 먹힌다.

자기를 비하하는 유머는 꽤 교묘한 유머다. 어떤 사람들은 자신의 약점이나 실수를 스스로 농담거리로 만든다. 상대방은 "이 사람 솔직하고 겸손하네"라는 인상을 받기 쉽다. 이런 유머는 꽤 계산적으로 던질 수 있고, 자연스러워 보이는 농담 뒤에는 치밀한 의도가 숨어 있다. 언제, 어떤 유머를, 어떤 타이밍에 사용할지 모든 것이 설계되어 있다. 웃음을 유발하는 순간이 바로 상대방의 방어막이 가장 약해지는 순간이라는 것을 알고 있기 때문이다.

'같은 편'이라는 착각 만들기

웃음은 사람들의 관심을 붙잡는 강력한 장치다. 지루하게 이어지는 말보다, 가볍게 웃음을 터뜨리게 만드는 말 한마디가 더 오래 기억된다. 청중은 웃음이 나온 순간 집중하고, 그 흐름 속에서 메시지도 함께 각인된다.

이 과정에서 사람은 재미있는 사람에게 더 쉽게 끌린다. 같은 내용을 말해도 유머가 곁들여지면 듣는 사람은 "이 사람은 내 편일지도 몰라"라는 친근함을 느낀다. 그래서 발표자나 대화 상대에 대한 호감도가 높아지고, 자연스럽게 그 메시지 자체도 긍정적으로 받아들인다. 더 나아가 유머는 상대방의 방어막을 무너뜨린다. 설득을 당한다는 느낌이 들면 사람들은 본능적으로 경계하지만, 웃음이 섞이면 긴장이 풀리면서 거부감이 줄어든다. 진지하게 설득하려는 말도 유머 뒤에 이어지면 "한번 들어볼까?" 하는 여유가 생기고, 마음은 훨씬 더 쉽게 열린다.

이렇게 열린 마음속에서 가장 강력하게 작용하는 것은 논리보다도 '느낌'이다. 사람은 항상 이성적으로만 움직이지 않는다. 즐겁고 편안한 감정이 생기는 순간, 그 긍정적인 분위기가 메시지에 대한 신뢰로 곧장 이어진다. 논리적 증거가 부족해도, 유머가 만들어낸 분위기 덕분에 설득력은 오히려 더 높아질 수 있다.

웃음은 동료 의식을 유발한다.

특히 인간은 본능적으로 자신과 비슷하다고 느끼는 사람을 더 신뢰한다. 같은 유머 코드를 공유한다는 것은 곧 같은 문화와 세계관을 나누고 있다는 신호다. 그래서 '공감대 유머'가 효과적이다. 상대가 경험했을 법한 일상을 소재로 삼으면 자연스럽게 같은 편이라는 착각이 만들어진다. 예를 들어 직장인에게 "회의가 길어지면 '왜 여기 있나' 하는 생각밖에 안 나죠?"라고 던지면, 곧바로 동질감이 생긴다.

한 걸음 더 나아가면 '배타적 유머'를 활용할 수도 있다. 특정 외부 집단을 가볍게 조롱함으로써 내부 결속을 강화하는 것이다. "요즘 다른 회사 사람들 보면…" 같은 농담은 듣는 이로 하여금 '우리는 그들과 다르다'는 소속감을 느끼게 만든다. 다만 이 방식은 단기적으로는 효과가 크지만, 장기적으로는 편견과 차별을 강화할 수 있으니 신중하게 사용해야 한다. 결국 설득을 잘하는 사람은 웃음을 통해 같은 편이라는 감각을 만든다. 상대방이 나를 동료로 인식하는 순간, 방어막은 사라지고 메시지는 훨씬 더 부드럽게 스며든다. 설득의 힘은 논리보다도 "당신과 나는 같은 사람이다"라는 착각에서 출발한다.

원칙1 타이밍을 노려라

긴장되거나 경직된 순간에 적절한 유머를 투입해서 분위기를 완전히 바꾸는 방법이다. 핵심은 타이밍이다. 너무 일찍 사용하면 진정성이 의심되고, 너무 늦으면 효과가 떨어진다. 먼저 상대방의 긴장도를 정확히 파악한다. 팔짱을 끼고 있는지, 표정이 굳어져 있는지, 목소리 톤이 차가운지 관찰한다. 충분히 긴장이 고조됐다고 판단되면 유머를 투입한다.

가장 효과적인 것은 현재 상황 자체를 농담거리로 만드는 것이다. "이렇게 진지하게 얘기하고 있으니까 마치 국가 기밀을 논의하는 것 같네요" 같은 식으로 상황의 과도함을 지적하면서 웃음을 유발한다. 그다음에는 즉시 본론으로 돌아간다. 유머로 분위기가 풀어진 그 순간을 놓치지 않고 핵심 메시지를 전달한다. "농담은 이쯤 하고, 정말 중요한 얘기를 해보죠"라며 자연스럽게 전환한다.

원칙2 자기비하로 다가가라

자신의 약점이나 실수를 스스로 농담거리로 만들어서 상대방에게 친근하고 겸손한 인상을 주는 방법이다. 권위나 위계로 인한 거리감을 줄이는 데 매우 효과적이다. 다만 이때 적절한 약점을 선택해야만 한다. 치명적이거나 심각한 결함은 절대 농담거리로 만들면 안 된다. 대신 귀엽고 인간적인 약점을 선택한다. "저는 길치라서 GPS 없으면 집도 못 찾아요", "컴퓨터 앞에만 있다 보니 운동신경이 꽝이에요" 같은 것들이다.

자기비하의 강도는 적절히 조절해야 한다. 너무 과도하면 자존감이 낮아 보이고, 너무 약하면 겸손해 보이지 않는다. 중요한 것은 이런 유머로 상대에게 친근하고 겸손한 인상을 준 뒤에는 **즉시 전문성과 신뢰성을 회복할 수 있는 발언을 해두는 것이 좋다.** 친근함을 손에 넣은 대신에 약점만을 각인시켜서는 곤란하다. "하지만 이 분야에서만큼은 자신 있습니다" 정도의 발언은 친근함과 전문성을 동시에 보여주니 좋다.

원칙3 공감할 수 있는 유머를 던져라

상대방이 경험했을 법한 일상적 상황이나 공통의 고민을 농담거리로 만들어서 '우리는 같은 사람'이라는 느낌을 주는 방법이다. 먼저 상대방의 배경과 상황을 파악한다. 나이, 직업, 생활 패턴, 관심사 등을 통해 어떤 경험을 했을지 추측한다. 30대 직장인이라면 야근, 회식, 승진 스트레스 등을 경험했을 것이고, 학부모라면 아이 교육, 학비 부담 등을 겪었을 것이다.

그런 경험을 유머로 포장해서 제시한다. "요즘 애들 학원비 보면 기절할 지경이죠? 우리 때는 동네 학원 다니는 게 사치였는데… 하하하" 이렇게 말하면 상대방은 "맞아, 나도 그런 생각 해봤어"라며 공감한다. 공감이 형성되면 "그래서 우리 같은 사람들은…" 하며 자연스럽게 우리라는 표현을 사용한다. 상대방은 자신도 모르게 그 우리 안에 포함됐다고 느끼게 된다.

쉽게 해보는 유머를 활용한 설득 전략

연애에서 유머는 긴장을 풀고 매력을 어필하는 가장 자연스러운 방법이다. 특히 첫 데이트나 어색한 순간에 적절한 유머는 관계 발전의 촉매 역할을 한다. 첫 만남에서는 자기소개할 때 가벼운 자기비하 유머를 사용한다. "저는 요리를 좋아하는데, 문제는 먹어줄 사람이 없다는 거예요. 하하하" 이런 식으로 자신의 약점을 귀엽게 포장하면 상대방이 친근감을 느낀다.

공통 관심사에 대해서는 공감대 유머를 활용한다. "커피 좋아하신다고 했는데, 저도 하루에 몇 잔씩 마셔요. 카페인 중독자들끼리 만났네요" 같은 식으로 공통점을 유머로 연결한다. 관계가 진전되면서는 둘만의 유머 코드를 만들어간다. 함께 겪은 재미있는 에피소드나 서로의 특징을 농담거리로 만들어서 특별한 유대감을 형성한다. "너 그때 길 잃어서 헤맬 때 표정 정말 귀여웠어"처럼 추억을 유머로 재가공한다.

웃음 없이도 설득할 수 있지만,
웃음이 있으면 훨씬 더 쉽다.

직장에서 유머를 잘 사용하면 권위적 리더십과 친근한 리더십 사이의 어딘가에서 잘 자리잡을 수 있다. 적절한 유머는 위계의 경직성을 완화하면서도 존중받는 리더의 이미지를 만든다. 회의 시작 전에는 가벼운 아이스브레이킹 유머를 사용한다. 긴장된 분위기를 풀어주면서 자연스럽게 회의로 전환한다. 팀 빌딩 과정에서는 공감대 유머를 활용한다. "우리 모두 야근의 고통을 아는 사람들이죠? 그래서 더 서로 이해할 수 있는 것 같아요" 공통의 경험을 바탕으로 팀워크를 강화한다.

가족 관계에서 유머는 세대 갈등이나 의견 차이를 완화하는 완충 역할을 한다. 직접적인 비판이나 훈계보다는 유머를 통한 우회적 접근이 더 효과적이다. 부모가 자녀를 지도할 때는 자기 경험담을 유머로 포장한다. "아빠도 너 나이 때 공부 안 해서 할머니한테 혼났는데, 지금 생각해보니 할머니 말이 맞았어. 하하하" 직접적인 설교가 아니라 경험담 형태로 전달하면 거부감이 줄어든다.

유머로 설득하는 전략에서 주의할 점

유머는 상대의 경계를 무너뜨리고 호감을 높이며, 복잡한 메시지를 가볍게 전달할 수 있는 강력한 도구다. 그러나 설득자가 유머를 사용할 때에는 반드시 주의해야 할 지점이 있다. 잘못 쓰인 유머는 호감을 쌓기는커녕 신뢰를 무너뜨리고, 설득 자체를 망치고 말 수도 있다.

첫째, 과도한 유머는 설득의 무게를 떨어뜨린다. 웃음이 이어지는 순간에는 분위기가 좋아지지만, 메시지 자체가 사라져 버릴 위험이 있다. 지나치게 농담에 의존하면 진지하지 않은 사람이라는 인상을 남긴다. 특히 중요한 결정이나 심각한 사안일수록, 유머는 가볍게 곁들이는 양념이어야 한다. 유머는 언제나 메시지를 보조하는 장치로 쓰여야 하고, 결코 메시지를 대체해서는 안 된다.

둘째, 대상 선택을 잘못한 유머는 치명적이다. 특정 집단이나 개인을 희화화하는 농담은 쉽게 웃음을 유발하지만, 동시에 그 집단의 반감을 불러일으킨다. 유머는 상대를 배제하거나 공격하는 도구여서는 안 되며, 모두가 함께 웃을 수 있어야 한다. 상대방의 약점이나 민감한 부분을 농담거리로 만들지 않도록 조심하자.

셋째, 유머의 타이밍과 맥락을 주의해야 한다. 긴장 완화가 필요한 순간에는 효과적이지만, 상대가 이미 화가 나 있거나 진지하게 집중하고 있을 때 농담을 던지면 오히려 위험하다. 웃음은 감정의 전환점이지만, 잘못된 타이밍의 유머는 상대의 감정을 무시하는 신호가 된다.

넷째, 유머는 문화적 코드에 크게 의존한다. 어떤 상황에서는 가볍게 웃고 넘어가는 말이, 다른 배경을 가진 사람에게는 모욕이나 무시로 들릴 수 있다. 특히 집단이 섞인 자리에서의 유머는 세심한 감각이 필요하다. 설득자는 자신이 속한 문화적 맥락을 넘어서는 농담이 어떤 의미로 해석될지 항상 점검해야 한다.

결국 유머는 설득자의 무기이자 위험 요소다. 잘 쓰면 상대의 마음을 여는 열쇠가 되지만, 잘못 쓰면 관계를 닫아버리는 자물쇠가 된다. 설득자는 언제, 누구에게, 어떤 방식으로 유머를 사용할지를 신중히 선택해야 한다. 웃음의 힘을 빌리되, 웃음이 설득의 본질을 삼켜버리지 않도록 경계하는 것. 그것이 유머 전략을 사용할 때 설득자가 반드시 기억해야 할 원칙이다.

유머와 친밀감으로 설득하는 사람의 말버릇

◆ 타이밍에 맞춰 분위기를 바꾸는 유머를 한다
- → "이렇게 진지하게 얘기하니까 마치 국정감사 같네요. 하하하"
- → "너무 심각하게 생각하지 마세요. 세상이 무너지는 건 아니니까요"
- → "농담 하나 해도 될까요? 분위기가 너무 무겁네요"

◆ 자기비하 농담으로 친근감을 조성한다
- → "저 같은 사람이 이런 말 하는 게 좀 그렇긴 하지만…"
- → "제가 워낙 부족한 사람이라서…"
- → "저도 완벽하지 않은 사람이니까요"

◆ 많은 사람이 공감할 일상적 유머를 사용한다
- → "다들 그런 경험 있으시죠?"
- → "저만 그런 건 아니죠?"
- → "이런 게 바로 우리의 현실이죠"
- → "아마 당신도 비슷한 생각 해보셨을 텐데…"

유머와 친밀감을 활용하는 설득 체크리스트

■ 긴장되거나 경직된 순간에는 유머로 분위기 전환하기
_____

■ 자신의 작은 약점을 농담거리로 만들어 친근감 조성하기
_____

■ 상대방의 경험과 공통점을 찾아 공감대 유머 활용하기
_____

■ 유머 사용 전후 상대방의 반응과 분위기 변화를 관찰하기
_____

■ 상황과 맥락에 맞지 않는 부적절한 농담 피하기
_____

■ 유머에만 의존하지 말고 진정성과 전문성도 함께 보여주기
_____

반발심은 이용하기 나름이다

반발심을 줄이는 전제 설정

한 부모가 10대 자녀에게 "공부해!"라고 직접 명령했다. 결과는? 즉각적인 반발과 "왜 나한테만 그래요!"라는 항변이다. 같은 부모가 다른 방식으로 접근한다. "너는 원래 똑똑하니까, 시험 준비는 어떻게 할 계획이야?" 이번에는 자녀가 스스로 공부 계획을 말하기 시작한다.

 이 두 상황의 차이는 저항을 유발했느냐, 우회했느냐에 있다. 인간은 누군가 자유를 침해하려 하면 본능적으로 저항한다. 하지만 자유가 보장된 상태에서 스스로 선택한다고 느끼면 같은 행동도 기꺼이 한다. 금지하면 더 하고 싶어지고, 강요하면 거부하고 싶어진다. 설득의 고수들은 이 반발 심리를 정면으로 건드리지 않는다. 대신 교묘하게 우회한다.

우회 공략법은 교활하지만 경제적이다.

가장 효과적인 우회 방법은 전제를 깔아두는 것이다. "현명하신 분이니까 분명 좋은 결정을 내릴 거예요"라고 말하면, 듣는 사람은 거부할 경우 자신이 현명하지 않다는 것을 인정해야 하는 상황에 놓인다. "이런 기회는 보통 놓치지 않으시겠죠?"라고 하면, 거부하는 것이 마치 기회를 놓치는 어리석은 행동처럼 프레이밍된다. 이런 전제들이 사실 너무나 자연스럽게 일상 대화에 스며들어 있다. "당신 같은 분이라면 당연히…", "지적인 사람들은 보통…", "성공한 사람들의 공통점은…" 이런 표현들은 모두 상대방을 특정 범주에 넣고, 그 범주에 맞는 행동을 유도하는 전제 설정이다.

점진적 설득의 힘

점진적인 설득도 상대의 반발심을 줄이는 효과적인 방법이다. 너무 갑자기 커다란 제안을 하지 않고, 여러 작은 제안들을 하라. 그리고 이 제안들을 수락하는 것이 설득 상대에게 스스로의 정체성과 일치한다고 생각하도록 하라.

1966년, 심리학자 프리드먼과 프레이저는 놀라운 실험을 했다. 주택가를 돌아다니며 집 앞마당에 "안전운전" 대형 간판을 세워달라고 부탁했다. 첫 번째 그룹에게는 바로 이 부탁을 했고, 17%만이 동의했다. 두 번째 그룹에게는 2주 전에 먼저 작은 스티커를 창문에 붙여달라고 부탁했다. 그리고 2주 후 같은 대형 간판 부탁을 했더니 76%가 동의했다.

상대에게 자유가 있다고 믿게 하라.

단지 작은 스티커 하나를 받아들인 것만으로 사람들의 행동이 완전히 바뀐 것이다. 이것이 바로 문전 걸치기 기법 foot-in-the-door technique 의 위력이다. 작은 동의는 자아 일치성을 만들어낸다. "나는 교통안전에 관심 있는 사람이다"라는 정체성이 생기면, 이후 그 정체성에 맞는 행동을 계속하려 한다.

현대의 디지털 마케팅은 이 원리를 극도로 정교하게 활용한다. 먼저 무료 이메일 구독을 받는다. 그다음 무료 콘텐츠를 다운로드하게 한다. 그다음 저가 상품을 구매하게 한다. 마지막에는 고가 코스를 판매한다. 각 단계마다 고객은 "이미 이 브랜드와 관계를 맺고 있는 사람"이라는 정체성을 강화한다. 한 번 특정 행동을 하면, 사람들은 그 행동과 일치하는 후속 행동을 해야 한다는 압박을 느낀다. "나는 일관된 사람이다"라는 자아상을 지키고 싶어하기 때문이다. 다크 심리학의 설득법을 이용해 상대를 설득할 때는 이 부분을 적극 활용해야만 한다.

원칙1 직접 제안하지 말고 '만약'이라고 하라

직접적인 요구 대신 가정 상황을 제시해서 상대방이 스스로 결론에 도달하게 만드는 방법이다. "만약 ~라면 어떻게 하시겠어요?"라는 형태로 시작해서 상대방의 답변을 유도한 다음, 그 답변을 현실에 적용하도록 이끈다. "만약 이 제품이 정말로 당신의 문제를 해결해준다면 구매하시겠어요?"라고 묻는다. 상대방이 "그렇다"고 답하면, "그럼 이제 이 제품이 어떻게 당신의 문제를 해결하는지 보여드릴게요"라며 자연스럽게 설명을 시작한다. 이미 상대방은 조건부이지만 구매 의사를 표현한 상태이므로 거부하기 어려워진다.

연애에서도 마찬가지다. "만약 우리가 사귄다면 어떤 연인이 되고 싶어?"라고 물으면, 상대방은 자연스럽게 연애 상황을 상상하게 된다. 그 상상 속에서 이미 둘은 연인 관계가 되어 있다. 이런 가정적 상황 설정은 실제 상황으로의 전환을 매우 자연스럽게 만든다.

원칙2 단계별 동의 누적 기법

극도로 작은 동의부터 시작해서 단계별로 더 큰 동의를 이끌어내는 방법이다. 각 단계는 이전 단계에서 자연스럽게 따라오는 것처럼 설계되어야 한다. 첫 번째 단계는 거의 거절할 수 없는 수준의 작은 요청이다. "5분만 시간을 내주실 수 있나요?", "이 자료 한 번만 봐주실 수 있나요?" 같은 것들이다.

두 번째 단계는 첫 번째 동의에서 자연스럽게 파생되는 요청이다. "그럼 이것에 대해 어떻게 생각하세요?", "혹시 질문이 있으시면 언제든 연락주세요."

세 번째 단계부터는 점점 더 구체적이고 큰 요청으로 발전한다. "다음주에 더 자세한 설명을 드릴 수 있을까요?", "한 번 직접 체험해보시는 게 어떨까요?" 마지막 단계에서는 원래 목표했던 큰 요청을 한다. 이때 상대방은 이미 여러 번의 동의를 통해 거절하기 어려운 상황에 놓여 있다.

원칙3 반발심을 역이용하라

의도적으로 반발을 유도한 다음, 그 반발을 원하는 방향으로 유도하는 고도의 기법이다. 사람들의 반발 심리를 역이용하는 것이다. 먼저 상대방이 반발할 만한 제안을 일부러 한다. "사실 이건 당신에게는 너무 어려울 수도 있어요", "이런 도전적인 일은 보통 사람들은 못해요"라고 말한다. 그러면 상대방은 "내가 왜 못해?"라는 반발심을 갖게 된다. 이때 "그렇다면 한 번 도전해보시겠어요?"라며 기회를 제공한다.

이 기법의 핵심은 상대방의 자존심과 경쟁심을 자극하는 것이다. "이 상품은 성공한 사람들만 구매하는 경향이 있어요"라고 하면, 듣는 사람은 자신도 성공한 사람임을 증명하고 싶어한다. "이 일은 정말 까다로워서 대부분 중도에 포기해요"라고 하면, 자신은 포기하지 않을 것이라는 걸 보여주고 싶어한다. 사람은 본능적으로 자유를 빼앗기면 저항하려는 성향을 갖고 있다. 다크 심리학은 이 저항을 정면에서 꺾는 대신, 저항의 에너지를 이용하려는 것이다.

쉽게 해보는 반발심 활용 전략

직장

직장에서는 이해관계가 복잡하게 얽혀 있어서 공개적인 저항을 만날 가능성이 높다. 이런 저항을 정면돌파하려 하면 적만 늘어난다. 대신 저항하는 사람을 아군으로 만드는 전략이 필요하다. 반대 의견을 제시하는 동료에게 "좋은 지적이네요. 그 부분에 대해서는 어떻게 개선하면 좋을까요?"라고 반응한다. 그러면 상대방은 반대자가 아니라 문제 해결의 파트너가

된다. "당신의 우려가 정당해요. 그래서 이런 대안을 생각해 봤는데 어떠세요?"라며 저항을 협력으로 전환한다. 상사를 설득할 때는 더욱 신중해야 한다. 직접적인 제안보다는 질문 형태로 접근한다. "만약 이런 방법을 시도한다면 어떤 결과가 나올까요?" 이렇게 하면 상사가 스스로 생각하고 결론에 도달한 것처럼 느끼게 된다.

가족

가족 간의 갈등은 감정이 깊이 개입되어 있어서 논리적 설득만으로는 해결되지 않는다. 특히 오랜 시간 쌓인 저항감과 고정관념이 있어서 더욱 어렵다. 부모를 설득할 때는 그들의 경험과 지혜를 인정하는 것부터 시작한다. "부모님이 걱정하시는 마음 충분히 이해해요. 그런데 혹시 이런 관점에서도 생각해보실 수 있을까요?"라며 새로운 시각을 제안한다. 직접적인 반박보다는 추가적인 관점을 제시하는 방식이다. 자녀를 설득할 때는 그들의 자율성을 존중하는 모습을 보여야 한다. "네 인생이니까 네가 결정하는 게 맞아. 다만 부모로서 이런 것들도 한 번 고려해봤으면 해서…"라며 조언의 형태로 접근한다.

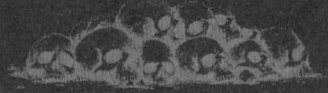

반발심에 대응해 설득하는 사람의 말버릇

◆ **직접 명령 대신 전제와 정체성에 호소한다**
  → "당신 같은 분이라면 당연히 좋은 결정을 내리실 거예요."
  → "성공한 사람들은 보통 이런 선택을 하죠."

◆ **'만약'이라는 가정 질문으로 스스로 답하게 한다**
  → "만약 이 제품이 문제를 해결해준다면 선택하시겠어요?"
  → "만약 우리가 함께 한다면 어떤 모습일까요?"

◆ **작은 동의에서 점진적으로 큰 동의로 확장한다**
  → "5분만 시간을 내주실 수 있나요?"
  → "한 번 체험해보시는 건 어떠세요?"

◆ **반발심을 역이용해 도전 의식을 자극한다**
  → "이건 보통 사람은 하기 힘들어요."
  → "대부분은 중도에 포기하더라고요."

반발심 대응 전략 체크리스트

- ■ 직접적인 명령·강요 대신 전제나 정체성 프레임으로 접근하기

- ■ "만약 ~라면?" 질문을 던져 스스로 결론 내리게 하기

- ■ 극히 작은 동의부터 시작해 점진적으로 더 큰 부탁을 연결하기

- ■ 상대방의 반발심을 역이용해 자존심과 도전 욕구 자극하기

- ■ 가족·연인·동료 등 관계별로 자율성과 존중을 강조하는 톤 유지하기

"거절하기 어렵게 만들어라"

4부

관계를 겨냥한 설득 기술

신뢰 형성은 기본이다

첫인상이 지배하는 판단

한 여성이 온라인 데이팅 앱에서 만난 남성과 첫 데이트를 했다. 약속 시간에 5분 늦었고, 셔츠에 작은 얼룩이 있었으며, 눈을 잘 맞추지 못했다. 그 남성이 아무리 재미있는 이야기를 하고 진심 어린 관심을 보여도 그녀의 마음은 이미 닫혀버렸다. 반대로 시간을 정확히 지키고, 단정한 외모에, 자신감 있는 태도를 보인 사람이라면? 같은 말을 해도 완전히 다르게 받아들여진다.

이것이 바로 신뢰의 무서운 힘이다. 신뢰는 모든 설득의 관문 역할을 한다. 신뢰라는 문이 열려야 상대방의 마음 속으로 들어갈 수 있다. 문이 닫혀 있으면 아무리 좋은 말, 논리적인 주장, 감동적인 이야기를 해도 모두 벽에 부딪혀 튕겨나간다.

신뢰는 인간관계의 화폐다.

 더 충격적인 사실은 이 신뢰 여부가 단 0.1초 만에 결정된다는 것이다. 프린스턴 대학의 연구에 따르면, 사람들은 낯선 사람의 얼굴을 0.1초만 동안만 봐도 그 사람이 신뢰할 만한지 아닌지를 판단한다. 그리고 이 첫 판단은 이후 30분, 1시간을 함께 보내도 거의 바뀌지 않는다. 첫인상이 지배하는 판단의 메커니즘은 생존 본능에서 나온다. 수만 년 전 우리 조상들에게 낯선 사람은 잠재적 위협이었다. 적인지 아군인지를 빠르게 판단해야 생존할 수 있었다. 이 원시적 본능이 현대에도 그대로 작동한다. 상대방의 얼굴 표정, 자세, 목소리 톤, 옷차림에서 수백 가지 신호를 동시에 읽어내고, 뇌는 그것을 "안전" 또는 "위험"으로 분류한다.

신뢰의 축적과 붕괴 메커니즘

신뢰는 쌓기는 어렵고 무너뜨리기는 쉽다. 워런 버핏이 말했듯이 "신뢰를 쌓는 데는 20년이 걸리지만, 무너뜨리는 데는 5분이면 충분하다." 하지만 정확히 무엇이 신뢰를 쌓고, 무엇이 신뢰를 무너뜨리는가?

하버드 비즈니스 스쿨의 메이어 교수는 신뢰의 구성요소를 세 가지로 정의했다. 능력, 성실, 호의, 이 세 요소가 모두 갖춰져야 완전한 신뢰가 형성된다. 능력은 상대방이 약속한 것을 실제로 해낼 수 있는 힘이다. 의사에게는 병을 고칠 수 있는 의술, 변호사에게는 소송에서 이길 수 있는 법적 지식, 연인에게는 관계를 잘 이끌어갈 수 있는 감정적 성숙함이 여기에 해당한다. 성실은 말과 행동의 일치다. 약속을 지키고, 거짓말을 하지 않으며, 일관된 모습을 보이는 것이다. 호의는 상대방의 이익을 진심으로 고려하는 태도다. 자신의 이익만 추구하지 않고, 상대방에게도 도움이 되는 방향을 추구한다는 믿음이다.

그런데 여기서 중요한 함정이 있다. 이 세 요소 중 어느 하나라도 의심받으면 전체 신뢰가 흔들린다는 점이다. 능력은 뛰어나지만 거짓말을 자주 하는 사람, 성실하지만 능력이 부족한 사람, 능력도 있고 성실하지만 자기 이익만 챙기는 사람. 이런 사람들은 모두 완전한 신뢰를 얻지 못한다. 또 신뢰는 쌓기는 어렵지만 잃기는 쉽다. 신뢰를 쌓을 때는 작은 성공들이 누적되어야 하지만, 신뢰를 잃을 때는 단 한 번의 배신만으로도 충분하다. 10번의 약속을 지켰다고 해서 11번째 약속을 어겨도 될 이유가 되지는 않는다. 오히려 그 배신은 이전의 모든 신뢰를 의심하게 만든다. "그동안 나를 속인 건 아닐까?"라는 의혹이 생기는 순간, 과거의 모든 좋은 기억들이 재해석된다.

원칙1 작은 일로 신뢰를 누적시켜라

신뢰는 거대한 성취 한 번보다 작은 약속들을 반복적으로 지키는 것에서 더 강하게 형성된다. 이를 '마이크로 신뢰'라고 한다. 시간 약속, 작은 부탁, 사소한 배려 같은 일상적인 것들에서 일관성을 보이는 것이다.

연애 초기에 "내일 점심때 연락할게"라고 했다면 정확히 점심때 연락한다. "이 책 재미있을 것 같아"라고 했다면 실제로 그 책을 사서 읽어보고 감상을 나눈다. "다음주에 시간 되면 맛있는 식당 가자"라고 했다면 정말로 맛있는 식당을 찾아서 예약한다. 이런 작은 약속들을 99% 확률로 지키는 사람은 큰 약속도 지킬 것이라는 믿음을 준다. 직장에서도 마찬가지다. "오후에 보고서 드릴게요"라고 했다면 정확히 오후에 보고서를 제출한다. "회의 자료 미리 검토해보겠습니다"라고 했다면 실제로 자료를 꼼꼼히 읽고 유의미한 피드백을 준다. 이런 신뢰성이 누적되면 중요한 프로젝트를 맡겨도 될 사람이라는 평가를 받게 된다.

원칙2 자신의 약점과 실수를 적절히 공개하라

역설적이게도 자신의 약점이나 실수를 적절히 공개하는 것이 오히려 신뢰를 높인다. 완벽해 보이는 사람은 신뢰받기 어렵다. 사람들은 완벽한 사람을 의심하고, 불완전한 사람을 진짜라고 느낀다. 이를 취약성의 역설이라고 한다.

중요한 것은 공개하는 취약성의 종류와 정도다. 치명적인 약점이나 도덕적 결함은 절대 공개하면 안 된다. 대신 능력과 관련된 사소한 부족함이나 인간적인 실수들을 선택적으로 드러낸다. "사실 저도 처음에는 이 일이 어려웠어요", "예전에 비슷한 실수를 한 적이 있어서 더 조심하게 되네요", "완벽하지는 않지만 최선을 다하겠습니다" 같은 표현들이다. 이런 고백은 상대방으로 하여금 "이 사람은 솔직하고 진정성 있는 사람이구나"라는 느낌을 갖게 한다. 그리고 자신도 비슷한 취약성을 공개하게 만들어서 관계의 깊이를 더한다. 서로의 약점을 아는 관계는 더 강한 유대감을 형성한다.

원칙3 이익은 잠시 미뤄두라

가장 강력한 신뢰 형성 방법은 상대방의 이익을 자신의 이익보다 우선시하는 모습을 보여주는 것이다. 단, 이것이 진짜가 아니라 전략적 투자라는 점이 핵심이다. 단기적으로는 손해를 보는 것처럼 보이지만, 장기적으로는 훨씬 큰 신뢰와 영향력을 얻는다. 영업에서 고객에게 "사실 지금은 구매하지 마세요. 다음 달에 더 좋은 모델이 나올 예정이거든요"라고 말하는 것이다. 단기적으로는 매출을 포기하지만, 그 고객은 평생 그 영업사원을 신뢰하게 된다. 연애에서 상대방이 힘들어할 때 자신의 일정을 취소하고 달려가는 것도 마찬가지다.

중요한 것은 이런 행동이 계산된 투자라는 점이다. 무조건 희생하라는 것이 아니라, 전략적으로 선택된 순간에 상대방의 이익을 우선시함으로써 큰 신뢰를 얻는 것이다. 그리고 그 신뢰를 바탕으로 나중에 훨씬 큰 요청을 할 수 있게 된다.

쉽게 해보는 신뢰 획득 전략

연애

연애에서 신뢰는 사랑보다 더 중요하다. 사랑하지만 신뢰하지 않는 관계는 지속되기 어렵지만, 신뢰하는 관계에서는 사랑이 자연스럽게 자란다. 연애 초기의 신뢰 형성은 향후 관계의 방향을 결정한다. 소개팅에서 만난 상대방에게 신뢰를 주려면 능력, 성실, 호의를 단계적으로 드러내야 한다. 먼저 자신의 직업이나 취미를 통해 능력을 자연스럽게 보여준다. "저는 마케팅 일을 하는데, 얼마 전에 담당한 캠페인이 성공해서…"처럼 과시가 아닌 자연스러운 언급으로 시작한다. 성실함은 약속 시간 준수, 연락 패턴의 일관성, 말과 행동의 일치로 보여준다. "연락한다고 했으면 정말로 연락하고, 만나자고 했으면 정말로 만나는" 사람이라는 인상을 준다. 호의는 상대방의 말을 경청하고, 그들의 관심사에 진짜 관심을 보이며, 그들이 원하는 것을 파악해서 도움을 주려는 노력으로 드러낸다.

직장

직장에서는 위계와 경쟁이라는 복잡한 변수가 있다. 상사, 동료, 부하직원마다 다른 신뢰 전략이 필요하다. 상사에게는 예측 가능성이 가장 중요하다. 상사가 가장 두려워하는 것은 예상치 못한 변수다. 따라서 일의 진행 상황을 정기적으로 보고하고, 문제가 생겼을 때는 해결책과 함께 미리 알린다. "이런 문제가 생겼는데, A, B, C 세 가지 방안을 검토해봤습니다. 제 생각에는 B안이 가장 적절할 것 같은데 어떻게 생각하세요?"라는 식으로 문제와 해결책을 동시에 제시한다.

동료에게는 상호 호혜성이 핵심이다. 도움을 받으면 반드시 도움을 되돌려주고, 정보를 공유받으면 유용한 정보를 공유한다. 경쟁자이지만 동시에 협력자라는 미묘한 관계를 이해하고, 윈-윈할 수 있는 지점을 찾는다. 부하직원에게는 공정성과 일관성이 중요하다. 개인적 호불호와 업무적 평가를 분리하고, 같은 기준을 모든 직원에게 적용한다. 그리고 그들의 성장을 진심으로 지원하는 모습을 보여준다.

정치

정치는 신뢰 조작의 가장 노골적인 무대다. 정치인들은 유권자의 신뢰를 얻기 위해 모든 수단을 동원한다. 능력은 학력, 경력, 과거 성과로 포장한다. 성실함은 일관된 메시지와 공약 이행으로 연출한다. 호의는 "국민을 위한다"라는 수사로 표현한다. 하지만 정치적 신뢰는 종종 허상이다. 실제 능력과 포장된 능력의 차이, 공개된 모습과 실제 성격의 괴리, 표면적 관심과 진짜 동기의 차이가 존재한다. 유권자들은 이런 조작을 어느 정도 알고 있으면서도 그 중에서 "가장 신뢰할 만한" 사람을 선택해야 하는 딜레마에 빠진다.

가족

가족 관계에서의 신뢰 획득은 다른 어떤 관계보다도 중요한 의미를 가진다. 가까운 만큼 작은 불신도 쉽게 드러나고, 한 번 무너지면 회복이 어렵다. 따라서 설득자는 가족 안에서 말과 행동의 일관성을 지켜야 한다. 사소해 보이는 약속 하나를 지키는 것에서부터 신뢰는 시작된다. 가족 관계에서는 화려한 말보다 공감과 경청이 더 큰 힘을 가진다. 배우자가 힘들다고 말할 때 스마트폰을 내려놓고 진심으로 들어주는 순간, 자녀가 긴 이야기를 할 때 끊지 않고 기다려주는 순간, 신뢰가 자연스럽게 쌓인다. 또한 희생과 헌신의 모습은 가족 관계에서 신뢰를 공고히 한다. 큰 결단이 아니라 작은 불편을 기꺼이 감수하며 가족을 우선하는 모습이 누적될 때, 설득자는 "믿을 수 있는 사람"으로 자리 잡는다.

신뢰를 형성해 설득하는 사람의 말버릇

◆ 첫인상에서 신뢰 신호를 보낸다
　→ "약속 시간은 지켜야죠"
　→ "제가 준비해왔습니다"

◆ 작은 약속을 반복적으로 지킨다
　→ "내일 점심에 연락드리겠습니다."
　→ "이번 주 안에 자료를 드리겠습니다."

◆ 적절한 약점과 실수를 공개한다
　→ "저도 처음엔 어려웠습니다."
　→ "예전에 실수한 경험이 있어서 더 신중해요."

◆ 상대방의 이익을 우선시한다
　→ "지금은 구매하지 않으시는 게 더 좋습니다."

신뢰 형성 체크리스트

- ■ 첫인상에서 성실한 태도와 외모 관리, 시간 준수로 신뢰 신호 보내기

- ■ 작은 약속을 반복적으로 지켜 작은 신뢰 쌓기

- ■ 완벽함 대신 적절한 약점이나 실수를 공개하기

- ■ 단기 이익보다 상대의 이익을 우선시하는 태도 보이기

- ■ 말과 행동의 일관성을 유지하기

- ■ 신뢰 붕괴 요인을 철저히 피하기

사회적 맥락을 활용하라

집단 행동을 설득에 이용하기

1950년대, 심리학자 솔로몬 애시는 사람들이 집단의 압력 앞에서 얼마나 쉽게 흔들리는지를 보여주는 유명한 실험을 진행했다. 실험 방식은 단순했다. 참가자들에게 기준선 하나와 길이가 다른 세 개의 선을 보여주고, 그중 어느 선이 기준선과 같은 길이인지 맞추게 하는 과제였다. 누구라도 쉽게 정답을 고를 수 있는 문제였다.

하지만 이 실험에는 중요한 장치가 숨어 있었다. 참가자와 함께 있던 다른 사람들은 모두 실험자의 지시에 따라 움직이는 '공모자'들이었다. 이들은 차례가 돌아올 때마다 똑같이, 그리고 의도적으로 틀린 답을 말했다. 기준선과 전혀 다른 길이의 선을 가리키며 "이게 정답이다"라고 자신 있게 말한 것이다.

충격적인 것은 참가자들의 반응이었다. 명백히 틀린 답이라는 것을 알고 있으면서도, 참가자들은 대부분 집단의 의견에 끌려갔다. 실제로 약 75%의 참가자들이 최소 한 번 이상 다수의 오답에 동조했다. 자기 눈으로 분명히 본 사실보다, 옆에 있는 사람들이 내놓은 잘못된 답을 따라가는 쪽을 택한 것이다. 이 실험은 개인이 아무리 확신을 가지고 있더라도 **집단의 압력 앞에서는 쉽게 자신의 판단을 포기할 수 있다**는 점을 보여준다. 그리고 이는 지금도 회의실, 교실, 혹은 일상적인 대화 속에서 똑같이 반복되는 인간의 심리적 메커니즘이다.

군중은 진실보다 강력하다.

이것이 바로 사회적 증거 social proof 의 무서운 힘이다. 인간은 불확실한 상황에서 다른 사람들의 행동을 보고 자신의 행동을 결정한다. "다른 사람들이 저렇게 하는 데는 분명 이유가 있을 거야"라고 생각하는 것이다. 이는 진화적으로 매우 합리적이었다. 무리에서 이탈하면 위험에 노출되지만, 다수를 따르면 생존 확률이 높아졌다.

현대 사회에서도 이 메커니즘은 그대로 작동한다. 사람들은 어떤 레스토랑에 줄이 길게 서 있으면 "맛있는 집이구나"라고 생각한다. 어떤 가게 앞에 손님이 없을 때는 관심이 없다가도, 사람이 하나둘 모여들기 시작하면 관심이 간다. OTT에 어떤 드라마가 1위라고 하면 "재미 있겠구나"라고 판단한다. 숫자와 인기가 곧 품질의 증거로 받아들여진다.

하지만 여기에는 치명적인 맹점이 있다. 첫 번째 사람이 왜 그 선택을 했는지는 아무도 모른다는 것이다. 레스토랑 줄의 맨 앞사람은 단순히 길을 잃고 헤매고 있었을 수도 있고, 드라마는 잠시 광고가 잘 통했을 뿐이었을 수도 있다. 하지만 일단 군중 심리가 시작되면 진실은 중요하지 않다. 사람들은 앞사람을 따라 하고, 뒷사람은 더 많은 사람들을 보고 따라 한다.

앞사람의 선택이 뒷사람의 선택이다.

설득의 고수들은 이 메커니즘을 완벽하게 이해하고 있다. 그들은 실제 품질이나 가치를 증명하는 대신 인기의 착각을 만들어낸다. "이미 10만 명이 선택했습니다", "지금 가장 핫한 트렌드입니다", "모든 사람이 이야기하고 있어요" 이런 메시지로 상대방을 무리의 일부로 만들려 한다.

그런데 진짜 무서운 점은 이런 조작이 실제로 현실을 만들어낸다는 것이다. 가짜 인기가 진짜 인기를 만들고, 인위적인 트렌드가 실제 트렌드가 된다. 처음에는 몇 명의 가짜 고객으로 시작했지만, 나중에는 정말로 줄이 길어진다.

권위, 다수, 유사성을 동시에 자극하기

설득에서 사회적 증거를 극대화하려면 세 가지 요소를 활용해야 한다. 첫째는 '권위'다. 전문가, 유명인, 성공한 사람의 선택은 일반인의 선택보다 훨씬 큰 힘을 가진다. 따라서 "의사가 추천하는", "CEO들이 선택한", "전문가가 인정한" 같은 표현을 적극적으로 사용해야 한다.

둘째는 '다수'다. 큰 숫자에는 그 자체로 설득력이 있다.

"100만 명이 선택한 제품", "시장 점유율 1위"라는 말 앞에서 사람들은 비판적 사고를 멈추고, 안전한 다수 쪽에 속하려는 본능을 따른다. 설득자는 숫자를 가능한 크게, 또 인상적으로 보여줘야 한다.

셋째는 유사성이다. 사람들은 자신과 비슷한 배경, 나이, 직업을 가진 사람들의 선택에 가장 강하게 끌린다. 호텔 실험에서 "같은 방을 사용한 투숙객의 75%가 수건을 재사용했다"라는 메시지가 가장 높은 효과를 낸 이유가 바로 이것이다. 따라서 설득하는 사람은 처음부터 상대방과 유사한 집단을 설정하고, 그 집단이 이미 선택했다는 점을 강조해야 한다.

그 집단에 계속 속하려면 따라가야 한다고 하라.

가장 강력한 전략은 이 세 가지 요소를 동시에 묶는 것이다. 예컨대 "30대 직장인 10만 명이 선택한 전문가 추천 상품"이라는 문장은 유사성(30대 직장인), 다수(10만 명), 권위(전문가 추천)를 모두 담고 있다. 이런 메시지는 거의 무적에 가깝다.

현대 마케팅과 SNS는 이 원리를 극한까지 활용한다. 온라인 쇼핑몰의 "실시간 구매 현황", "다른 고객이 함께 본 상품", "리뷰 수"는 모두 사회적 증거를 설계하는 장치다. SNS의 "좋아요" 숫자, 팔로워 수, 조회수 역시 같은 역할을 한다. 설득자는 이 장치들을 적극적으로 활용해, 상대방이 '나도 다수에 속해야 한다'는 압력을 스스로 느끼게 만들어야 한다. 좋은 방법은 아니지만 더 무서운 것은 '가짜 사회적 증거'를 만들어 활용할 수도 있다. 온라인에서 특히 그런 경향이 강하다. 가짜 리뷰, 조작된 좋아요, 구매한 팔로워, 봇이 만들어낸 인기. 진짜와 가짜를 구분하기 어려운 상황에서 사람들은 점점 더 조작된 현실에 의존하게 되기도 한다.

원칙1 단계별로 좁혀 가라

사회적 증거를 제시하되, 일반적인 대중의 선택에서 시작해서 점차 더 구체적이고 가까운 집단의 선택으로 좁혀가는 방법이 좋다. 광범위한 신뢰에서 개인적 신뢰로 이어지는 단계적 접근이다. 먼저 전체 시장의 트렌드를 제시한다. "전 세계적으로 이런 제품이 인기를 끌고 있어요", "요즘 모든 사람들이 이런 걸 찾고 있더라고요." 2단계에서는 국가나 지역 단위로 범위를 좁힌다. "한국에서도 매년 사용자가 급증하고 있어요", "이 지역 사람들 사이에서 정말 핫해요."

그다음으로는 상대방과 비슷한 집단으로 더 구체화한다. "30대 직장인들 사이에서 특히 인기가 많아요", "비슷한 업종에서 일하시는 분들이 많이 선택하세요." 집단 다음으로는 더 개인에게 가까이 다가가야만 한다. 설득 대상의 지인, 또는 지인의 지인 정도도 괜찮다. 또는 말하는 사람의 지인도 써먹을 수 있다. "제가 아는 분 중에도 이걸 해서 성공하신 분이 여러 명 계세요." 각 단계마다 구체적인 숫자나 사례를 함께 제시해서 신뢰성을 높이는 것을 잊지 말자. 그 수치가 듣는 사람의 심리를 압박할 것이다. 상대방이 그 집단에 속해 있다는 느낌을 갖고 있다면 결국은 이 단계별 공략에 넘어올 것이다.

원칙2 권위자를 여럿 늘어놓아라

여러 권위자의 의견이나 추천을 연속적으로 제시해서 압도적인 신뢰감을 조성하는 방법이다. 한 명의 권위자의 힘을 빌리는 것보다 여러 명의 권위자를 나열하는 것이 더 설득력이 좋다. 여러 명의 권위자를 빌려올 때는 앞의 단계별 전략을 다시 적용해볼 수 있다. 먼저 가장 권위 있는 인물이나 기관의 의견을 제시한다. "하버드 대학 연구진이 이런 결과를 발표했어요", "업계 최고 전문가가 이렇게 말했죠." 그다음에는 다른 분야의 권위자들의 유사한 의견을 추가한다. "스탠포드 대학에서도 비슷한 연구 결과가 나왔고요", "실리콘밸리 CEO들도 같은 얘기를 해요." 마지막에는 상대방이 신뢰할 만한 주변 권위자의 의견을 덧붙인다. "저희 회사 대표님도 이 방법을 적극 추천하시고요", "제가 존경하는 선배님이 이걸 해보라고 하셨어요." 중요한 것은 여러 권위자가 서로 다른 영역에서 같은 결론에 도달했다는 점을 강조하는 것이다. 이렇게 하면 **우연이 아니라 진리라는 인상을 준다**.

원칙3 지금 하고 있다고 하라

사람들은 먼 과거의 사례나 불확실한 미래보다, 지금 이 순간에 다른 사람들이 하고 있다는 사실에 훨씬 더 강하게 반응한다. 따라서 **사회적 증거는 반드시 현재성을 띠게 만들어야 한다.** "지금 이 순간에도 많은 분들이 신청하고 계십니다", "실시간으로 구매자가 늘어나고 있어요"와 같은 표현은 즉각적인 동조를 유발한다. 여기에 실제 데이터나 화면을 보여주면 효과는 배가된다. "여기 보시면 실시간 접속자 수가 나오죠." 시각적 증거는 말보다 더 설득력이 있다.

또한 현재성과 함께 긴급성을 더하면 행동을 미루기 어렵다. "이 속도로 가면 곧 마감될 것 같아요", "지금 하지 않으시면 다른 분들에게 기회가 넘어갑니다." 사람들은 '남들이 이미 하고 있다'는 사실에 끌리고, '시간이 없다'는 압박에 밀려 결정을 서두른다.

이처럼 사회적 증거는 단계적 좁히기, 권위자의 다중 제시, 현재성 강조라는 세 가지 원칙으로 강화할 수 있다. 각각의 원칙은 따로 작동할 수도 있지만, 연결해서 활용하면 설득의 힘은 기하급수적으로 커진다. 설득자는 상황에 맞게 이 세 가지를 조합하여 상대방이 무리의 일부가 되고 싶다는 본능적 욕구를 자극해야 한다.

쉽게 해보는 사회적 증거 설득 전략

연애

연애에서 사회적 증거는 자신의 매력을 어필하고 상대방의 관심을 끄는 강력한 도구다. 직접적인 자기 자랑보다는 다른 사람들의 인정을 통해 간접적으로 어필하는 것이 훨씬 효과적이다. 그래서 첫 만남에서는 스스로를 드러내기보다는 주변의 평가를 빌려 자연스럽게 보여주는 것이 좋다.

예를 들어 "친구들이 저보고 요리 잘한다고 해서 집들이 때 제가 음식을 맡곤 해요", "직장에서 후배들이 상담하러 자주 찾아와요" 같은 말은 자기 자랑처럼 들리지 않으면서도 상대방에게 긍정적 이미지를 심어준다. 이런 간접적인 사회적 증거는 부담스럽지 않게 매력을 드러내는 방법이다.

SNS 활용은 이 효과를 더 강화할 수 있다. 다양한 활동 사진, 친구들의 댓글과 '좋아요', 사회적 모임에 참여하는 모습은 인기 있고 신뢰할 만한 사람이라는 인상을 자연스럽게 쌓아준다. 이후 관계가 깊어질수록 상대방 주변 사람들에게 긍정적인 평가를 받는 것도 중요하다. "내 친구들이 당신을 정말 좋아해", "가족들도 당신 얘기를 들으면 다들 호감을 보이더라" 같은 반응은 관계에 대한 확신을 크게 높여준다.

직장

직장에서는 개인의 능력만큼이나 동료와 상사의 인정을 얻는 것이 중요하다. 사회적 증거를 활용하면 자신의 위치를 공고히 하고 영향력을 확대할 수 있다. 회의 자리에서 의견을 제시할 때도 혼자만의 아이디어처럼 말하기보다는 "이 아이디어에 대해 마케팅팀과 기획팀에서도 긍정적인 반응을 보였어요", "다른 부서 팀장님들도 같은 의견을 가지고 계세요"처럼 집단의 지지를 덧붙이면 설득력이 훨씬 커진다.

프로젝트 제안 시에도 마찬가지다. 내부의 지지뿐 아니라 외부 성공 사례를 함께 보여주면 더 큰 신뢰를 얻을 수 있다. "경쟁사에서 이 방식을 도입해 큰 성과를 거뒀습니다", "업계 선도 기업들이 모두 같은 방향으로 가고 있습니다"라는 메시지는 시장의 흐름과 맞닿아 있음을 강조해준다. 승진이나 평가와 같은 중요한 순간에는 다각도의 사회적 증거를 확보해야 한다. 직속 상사뿐 아니라 타 부서 동료, 외부 파트너, 심지어 후배 직원들로부터 긍정적인 피드백을 모아 보여주면, 단순한 개인의 주장보다 집단의 평가로서 훨씬 강력한 설득 효과를 낼 수 있다.

가족

가족 내에서도 사회적 증거는 중요한 힘을 발휘한다. 세대 차이나 가치관의 간극을 줄여 합의를 이끌어낼 때 특히 효과적이다. 예를 들어 자녀 교육 문제를 두고 의견이 엇갈릴 때, 단순히 "이 방법이 맞아"라고 주장하기보다 "옆집 아이도 이런 학원을 다니고 성적이 많이 올랐대", "TV에서 전문가들이 추천하는 방식이래"라고 말하면 설득력이 커진다. 개인의 의견이 아니라 보편적 경향처럼 들리기 때문이다.

경제적 결정을 내릴 때도 마찬가지다. "우리와 비슷한 소득 수준의 가정들은 보통 이런 선택을 해요", "전문가들이 우리 같은 가정에는 이 방식을 권하더라고요"라는 표현은 가족 구성원들의 불안을 줄이고 공감대를 형성한다.

가족 여행, 이사처럼 큰 결정을 할 때는 각자의 정보를 모아 집단적 지혜를 활용하는 것이 좋다. "아빠는 이런 곳을 추천하시고, 엄마는 저런 곳이 좋다고 하셨어. 다른 가족들은 어떻게 선택했는지 알아보자"라는 대화는 구성원 모두가 참여하는 과정 속에서 합의점을 쉽게 찾게 해준다.

사회적 증거 설득 전략에서 주의할 점

사회적 증거는 강력한 설득 도구다. "많은 사람들이 선택했다"는 사실 하나만으로도 사람들의 판단은 쉽게 기울어진다. 그러나 설득자가 이 전략을 사용할 때 반드시 기억해야 할 주의점이 있다. 잘못 쓰인 사회적 증거는 신뢰를 얻기는커녕 잃어버리는 지름길이 될 수 있기 때문이다.

사회적 증거는 빠른 설득을 가능하게 하지만, 동시에 위험을 품고 있다. 먼저 허위 증거를 제시하지 않도록 해야 한다. 가짜 리뷰, 조작된 지지자, 허위 통계는 단기적으로 효과를 내지만, 들통나는 순간 설득자는 회복 불가능한 신뢰 손실을 입는다. 온라인 공간 때문에 조작도 쉽지만 사실 관계를 확인하기도 쉬워 조심해야 한다. 때문에 진실에 기반한 사회적 증거를 사용하는 것이 좋다. 과장이 필요하다면 "대부분의", "많은", "상당수의" 같은 모호한 표현을 사용해 구체적인 거짓말은 피하는 것이 좋다.

개인 성향을 파악해서 사용할 상대를 가리는 것도 중요하다. 유행이나 트렌드 등에 민감한 사람에게는 효과가 크지만, 독립적 성향과 주관이 강한 사람에게는 오히려 거부감을 일으킬 수 있다. "남들이 하니까 하라"는 말로만 들려, 설득 효과가 줄어들 수도 있고, "개성을 무시당했다"는 불쾌감을 느끼게 만들 수도 있다. 따라서 본질적 메시지가 분명히 존재하고, 그 메시지를 뒷받침하는 근거로 사회적 증거를 배치해야 한다. 사회적 증거는 설득의 문을 여는 자물쇠일 뿐, 그 문을 끝까지 열고 들어가는 힘은 결국 메시지 자체에서 나온다.

사회적 증거로 설득하는 사람의 말버릇

◆ **단계별로 사회적 증거를 제시한다**
　→ "전 세계적으로 이런 트렌드예요"
　→ "우리나라에서도 점점 늘어나고 있어요"
　→ "당신과 비슷한 분들이 많이 선택하세요"
　→ "제가 아는 분 중에도…"

◆ **권위자의 발언을 연쇄적으로 인용한다**
　→ "하버드 연구진, 업계 전문가, 성공한 CEO들뿐 아니라 저희 회사 대표님도 추천하시고요"

◆ **실시간 행동 동조를 유발한다**
　→ "지금 이 순간에도 많은 분들이…"
　→ "이 속도로 가면 곧…"

사회적 증거 전략 체크리스트

■ 전체 시장에서 시작해 점차 구체적이고 가까운 집단으로 범위 좁히기

■ 여러 권위자의 의견을 연속적으로 제시해 신뢰도 증폭하기

■ 현재 진행형 표현으로 실시간 동조 분위기 조성하기

■ 권위, 다수, 유사성의 사회적 증거를 동시에 활용하기

■ 허위·과장된 사회적 증거 사용을 피해서 신뢰 손상 막기

■ 상대방의 성향과 문화적 배경에 맞게 강도 조절하기

스스로를 전문가로 포장하라

전문가의 말은 곧 힘이 된다

사람들은 여전히 '누가 말했는가'를 '무엇을 말했는가'보다 먼저 본다. 이는 고전적인 설득 연구에서 반복적으로 입증된 사실이다. 특히 1960년대 초 예일대에서 심리학자 스탠리 밀그램이 진행한 권위 복종 실험은 이 현상을 잘 보여준다. 이 실험의 목적은 평범한 사람들이 권위 있는 인물의 부당한 지시에 얼마나 복종하는가를 측정하는 것이었다. 밀그램은 당시 나치 독일에서 발생한 홀로코스트 같은 비극이 단순한 '악인' 때문이 아니라, 권위에 복종하는 평범한 사람들로 인해

가능했을 수 있다는 가설을 검증하고자 했다.

실험 설계는 정교했다. 참가자는 '교사' 역할을 맡았고, '학생'은 연구진과 한패인 공모자가 맡았다. '교사'는 단어 쌍을 외우게 한 뒤, 학생이 오답을 말할 때마다 전기 충격을 가하라는 지시를 받았다. 실제로는 전기가 흐르지 않았지만, 교사는 그것을 알지 못했다. 충격 발생기에는 15볼트부터 450볼트까지 30개의 스위치가 있었고, '가벼운 충격'부터 '위험: 심한 충격', 심지어 'XXX'라는 경고 라벨까지 붙어 있었다.

실험이 진행될수록 학생은 녹음된 비명을 지르며 고통을 호소했고, 300볼트 구간에서는 벽을 두드리다 이내 반응을 멈췄다. 그럼에도 불구하고 흰 가운을 입은 실험자는 "계속하세요", "실험에는 선생님의 협조가 필요합니다" 등 네 가지 표준화된 지시 문구를 반복하며 중단하려는 참가자를 압박했다. 충격적인 결과가 나왔다. 모든 참가자가 300볼트까지는 충격을 가했으며, 무려 65%가 최고 전압인 450볼트까지 실행했다. 실험 전 전문가들은 극히 일부만 끝까지 갈 것이라 예측했지만, 실제로는 대다수가 권위자의 지시를 따랐다.

권위를 빌리는 것보다는, 권위를 창조하라.

이 실험은 권위 있는 인물의 한 마디가 개인의 도덕적 판단을 압도할 수 있음을 극명하게 보여주었다. 평범한 사람들이 자신도 모르게 잔혹한 행위에 가담할 수 있는 이유가 바로 여기에 있다. 같은 지시라도 평범한 사람이 말할 때는 쉽게 거부할 수 있지만, 권위를 가진 사람의 말이 되면 절대적인 진리처럼 받아들여진다. 따라서 설득자는 단순히 권위를 외부에서 빌리는 데 머물지 않고, **자신이 권위 그 자체로 보이도록 전략을 짜야 한다**. 진짜 실력과 더불어 외형적·상징적 장치까지 함께 동원할 때, 신뢰감은 극대화된다.

원칙1 복장과 환경에서 시작하라

복장과 환경은 단순한 겉치레가 아니다. 사람의 뇌는 눈앞의 외형에서 빠르게 신호를 읽어내고, 그 신호에 따라 판단을 단순화한다. 이를 '휴리스틱'이라 한다. 우리는 그 사람이 실제로 전문가인지 검증하지 않는다. 흰 가운을 입은 의사, 정장을 입은 CEO, 학위증이 걸린 사무실 같은 **외형적 요소만으로도 곧장 권위를 인식한다**.

1974년 미국의 심리학자 레너드 빅먼이 진행한 실험을 참고할 만하다. 그는 평범한 옷차림, 우유 배달원 복장, 경비원 복장 등 서로 다른 차림으로 길거리 사람들에게 간단한 지시를 내렸다. "이 동전을 저 사람에게 전달해 주세요", "소화전에서 떨어져 주세요", "저 표지판까지 가서 서 주세요"와 같은 요구였다. 결과는 충격적이었다. 경비원 복장을 한 경우에는 무려 92%가 지시에 복종했지만, 우유 배달원 복장일 때는 47%, 일반 복장일 때는 42%에 그쳤다. 같은 사람, 같은 말인데 복장에 따라 복종률이 두 배 이상 차이가 난 것이다.

외형은 무시되기 쉽지만, 가장 중요한 요소다.

이것이 의미하는 바는 분명하다. 외형은 권위를 상징하고, 권위는 곧 설득력을 강화한다. 의료 현장이라면 흰 가운과 청진기가 신뢰를 만든다. 학문적 영역에서는 정돈된 발표 자료와 인용할 만한 연구가 전문가의 이미지를 부여한다. 비즈니스 현장에서는 데이터와 차트가 그 역할을 한다. 환경 역시 마찬가지다. 깔끔하게 정돈된 사무실, 책이 가득한 서재, 최신 장비가 놓인 연구실은 그것만으로도 설득자의 신뢰도를 끌어올린다. 따라서 **설득자는 언제나 스스로를 전문가로 포장해야 한다.** 복장, 공간, 언어를 통해 신호를 체계적으로 설계하는 것이다. 권위는 단순히 '내가 전문가다'라고 주장해서 생기는 것이 아니다. **상대의 무의식 속에 자동으로 떠오르는 이미지**를 통해 나를 권위자로 각인시켜야 한다. 그때 비로소 진짜 권위로 작동한다.

원칙2 자신의 말이 권위자와 일치한다고 하라

그러나 외형만으로는 충분하지 않다. 전문성은 말의 출처에서도 드러나야 한다. 리처드 페티와 존 카치오포는 설득은 두 가지 경로로 이루어진다고 설명했다. 하나는 메시지 내용을 깊이 따져보는 '중심 경로', 다른 하나는 화자의 전문성 같은 주변 단서에 기대는 '주변 경로'다.

실제로 1981년 페티, 카치오포, 골드만이 실시한 실험에서 학생들은 '졸업 논문 제출 의무화'라는 메시지를 접했다. 그 결과 메시지가 자신에게 직접적으로 중요할 때는 출처가 어디인지보다 메시지의 논리가 강력한가에 더 큰 영향을 받았다. 하지만 개인적으로 관련이 없을 때는 논리보다는 출처의 권위에 의존했다. 카네기 멜런 대학 위원회 같은 권위 있는 출처에서 나온 것이라면, 논거가 빈약해도 더 쉽게 설득된 것이다.

빌려 쓰는 권위가 언젠가는 자신의 권위가 된다.

이 실험은 설득자가 권위자의 목소리를 전략적으로 빌려야 하는 이유를 분명히 보여준다. 메시지가 청자에게 상대적으로 중요하지 않게 느껴질 때, 전문성은 그 자체로 강력한 신뢰의 단서가 된다. 따라서 설득자는 자신의 말이 권위자와 일치한다는 인상을 의도적으로 만들어야 한다. 유명인의 사례, 권위 있는 연구자의 발언, 영향력 있는 기관의 보고서는 모두 간접적인 신뢰 전이 효과를 갖는다. 중요한 것은 단순히 유명세를 빌리는 것이 아니다. **설득하려는 주제와 간접적으로라도 연결될 수 있도록 맥락을 설계해야 한다.** 건강식품을 설명할 때 스포츠 선수의 체력 관리 사례를 인용하고, 새로운 경영 전략을 소개할 때 하버드 비즈니스 리뷰의 통계를 언급하면 청자는 그 메시지를 훨씬 더 무게감 있게 받아들인다.

원칙3 전문 용어와 수치를 섞어 말하라

언어 또한 권위를 지탱하는 기둥이다. 복장과 환경이 눈으로 보이는 권위의 신호라면, 전문 용어와 수치는 귀로 들리는 권위의 증거다. 사람들은 전문적 어휘와 구체적 수치를 접하면 화자가 해당 분야에 정통하다고 자동으로 인식한다. 같은 주장을 하더라도 "많은 사람들이 그렇다"라는 말보다 "최근 조사에서 73%가 그렇게 응답했다"라는 표현이 훨씬 더 신뢰를 준다.

심리학 연구 역시 이 사실을 뒷받침한다. 예일대 심리학자 칼 호블랜드와 그의 동료들이 수행한 고전적 연구에 따르면, 동일한 메시지라도 수치와 전문 용어가 포함될 때 청중은 화자를 더 전문적이고 믿을 만하다고 평가했다. 이는 인간이 복잡한 내용을 스스로 검증하기보다는, 외형적 단서, 즉 숫자와 기술 용어를 근거로 신뢰 여부를 빠르게 판단하는 경향이 있기 때문이다.

적당한 난해함이 곧 권위처럼 보인다.

실제로 우리는 일상에서 이런 효과를 자주 목격한다. 의사가 "이 약은 효과가 있습니다"라고 말하는 것보다, "임상시험에서 10명 중 9명에게서 증상이 개선되었습니다"라고 말할 때 환자는 훨씬 더 안심한다. 기업 CEO가 "회사가 성장하고 있습니다"라고 말하는 것보다, "올해 매출이 전년 대비 18% 상승했고, 시장 점유율이 12%에서 15%로 확대되었습니다"라고 말할 때 투자자는 더 확신을 갖는다. 숫자는 단순한 정보가 아니라 권위의 장치로 작동한다.

물론 여기에도 함정은 있다. 지나치게 난해한 용어나 과도한 통계의 나열은 오히려 '현학적'이라는 반감을 부른다. 따라서 전문성과 친절함의 균형이 중요하다. "이걸 업계 용어로는 ○○라고 하는데, 쉽게 말하면…"과 같이 어려운 말을 설명과 함께 풀어주는 방식이 효과가 있다. 청중은 화자가 전문 지식을 가지고 있으면서도 자신들을 존중한다고 느끼며 더 쉽게 신뢰를 보낸다.

**사람들은 이해했을 때가 아니라,
이해했다고 착각할 때 설득된다.**

언어가 권위를 강화하는 방식은 단어와 숫자에만 머물지 않는다. 메시지가 전달되는 맥락 역시 무게를 더한다. 같은 발표라도 카페가 아닌 학술 모임이나 컨퍼런스 무대에서, 허술한 회의실이 아닌 고급 사무실에서 이뤄질 때 청자는 무의식적으로 더 신뢰를 느낀다. 복장과 환경이 외형적 권위를 제공한다면, 전문 용어와 수치는 논리적 권위를 보강하는 장치다. 두 요소가 결합할 때, 설득자의 메시지는 단순한 주장에 머무르지 않고 '전문가의 의견'으로 승격된다. 결국 설득자는 언어를 통해 스스로를 전문가로 포장해야 한다. **수치는 주장에 근거를 부여하고, 전문 용어는 말의 무게를 더한다.** 그러나 이 모든 것은 청자가 이해할 수 있는 범위 안에서 전달될 때 비로소 힘을 발휘한다. 설득은 상대를 압도하는 것이 아니라, 상대가 믿고 따라오게 만드는 것이다.

원칙4 단계적이고 종합적으로 권위를 구성하라

권위는 하루아침에 완성되지 않는다. 작은 전문성에서 시작해 점차 권위를 높여야 한다. '기초적 사실 제시 → 실무 경험 공유 → 전문적 인사이트 → 독점적 정보 제공'이라는 순서로 단계적으로 쌓으면, 설득 대상은 자연스럽게 "이 사람은 진짜 전문가구나"라는 확신에 도달한다. 심리학에서는 이를 '점진적 정당화'라 부른다.

　진짜 권위는 하나의 요소로 완성되지 않는다. 외모, 언어, 환경, 태도를 모두 조합해야 한다. 복장은 전문성을 드러내고, 언어는 명확하면서도 전문적이어야 하며, 환경은 격을 높인다. 여기에 차분하면서도 확신에 찬 태도가 더해지면 권위는 단순한 신호가 아니라 하나의 '총체적 인상'으로 굳어진다. 연구에 따르면, 첫인상은 단 몇 초 만에 형성되며, 한 번 형성된 이미지는 쉽게 바뀌지 않는다. 따라서 권위를 연출하는 것은 단순히 '잘 보이기'가 아니라, 이후의 모든 설득 과정에 영향을 미치는 결정적 장치다.

쉽게 해보는 권위 설득 전략

연애

　연애에서 권위는 매력의 또 다른 이름이다. 단순히 똑똑해 보이는 것이 아니라, 자기 분야에서 열정을 가지고 전문성을 발휘하는 모습이 큰 매력으로 작용한다. 첫 만남에서는 "제가 하는 일이 이런데, 정말 재미있어서 몰입하고 있어요"처럼 열정을 중심으로 이야기해야 한다. 자랑이 아니라 진심 어린 몰입은 상대방에게 신뢰와 매력을 동시에 준다. 관계가 깊어질수록 제3자의 인정을 자연스럽게 언급하면 좋다. "동료들이 저보고 이 분야 전문가라고 하더라고요" 같은 표현은 오만해 보이지 않으면서도 권위를 전달한다.

직장

직장에서 권위는 곧 영향력이다. 회의에서 의견을 낼 때는 데이터와 근거를 제시하며 객관성을 강조해야 한다. 단순한 의견이 아니라 분석과 자료라는 인상을 주면 자연스럽게 권위가 쌓인다. 프레젠테이션에서는 전문 용어와 쉬운 설명을 적절히 조합해 모두가 이해할 수 있도록 해야 한다. 어떤 경우에는 들은 것만 전달해도 권위를 인정받는다. 외부 세미나나 컨퍼런스에 참여해 최신 정보를 습득한 뒤 공유하면 '계속 배우고 성장하는 전문가'라는 권위가 자리 잡는다.

가족

가족 내 권위는 단순한 나이와 위치에서만 나오지 않는다. 오히려 경험과 지혜, 전문적 배경에서 우러난 권위가 더 효과적이다. 부모가 자녀를 설득할 때는 "아빠도 너 나이 때 이런 경험을 했는데…"처럼 경험담을 조언의 형태로 전해야 한다. 또 필요할 경우 외부 전문가의 의견을 함께 인용하면 "부모의 개인적 주장"이 아니라 객관적 사실처럼 들린다. 성인이 된 자녀와의 관계에서는 상호 존중이 핵심이다. 자녀의 전문성을 인정하면서 조언을 더하면 권위는 강압이 아니라 신뢰로 작동한다.

권위 설득 전략의 함정과 한계

설득자가 스스로를 권위자로 삼는 전략을 사용할 때는 권위에 대한 의존이 지나치면 오히려 신뢰를 무너뜨린다는 사실을 기억해야만 한다. 직장에서 직함만으로 지시를 내리는 상사는 초기에는 따르게 할 수 있지만, 시간이 갈수록 "자신의 능력보다 지위에 기대는 사람"이라는 인식을 심어준다. 심지어 가정에서도 "엄마니까, 아빠니까 들어야지"라는 말은 일시적 권위를 보장하지만, 시간이 지나면 자녀의 반발을 불러온다. 또 권위에 지나치게 의존하여 설득했을 경우, 자신이 권위를 쌓아온 분야가 아닌 상황에서 설득을 하려면 설득력이 급격히 떨어지게 된다. 그러므로 다른 방식의 신뢰를 평소에 쌓아두어야 한다. 또 새로운 전문가와 이론을 알지 못할 경우에도 설득자의 권위가 떨어질 수도 있다. 자신의 전문성을 확보하면서도 동시에 계속해서 전문지식을 업데이트해야만 하는 이유다.

거짓으로 권위를 빌릴 때는 역효과가 더 크다. 다크 심리학적 설득자는 가짜 자격증이나 과장된 이력으로 자신을 포장한다. 단기적으로는 효과가 크지만, 일단 들통나면 다른 어떤 전략보다도 치명적이다. 신뢰를 잃는 순간, 권위를 기반으로 쌓아온 모든 설득은 한순간에 붕괴한다. 현대 사회에서는 누구나 정보를 검색할 수 있기 때문에 허위 권위는 오래 버티지 못한다. 또한 진짜 전문가와 마주치거나, 깊이 있는 질문을 받는 순간 실체가 드러나게 될 수 있다.

또한 권위 전략을 남용하면 청중은 메시지 자체에 집중하지 않는다. 권위만 믿고 따라오던 사람들이 어느 순간 '내용

없는 권위'에 실망하면, 설득자는 회복 불가능한 타격을 입는다. 권위는 설득의 문을 열어주는 열쇠일 뿐, 문을 통과하게 만드는 힘은 결국 메시지의 진정성과 전문성에서 나온다. 권위를 잘못 쓰면 '가짜'라는 낙인이 찍히지만, 제대로 쓰면 설득의 가장 든든한 기반이 된다. 따라서 설득하려는 사람은 외양적 장식뿐 아니라 실제 전문성을 끊임없이 쌓아야 한다.

스스로의 권위로 설득하는 사람의 말버릇

◆ **외형과 환경에서 권위를 신호한다**
  → "이 사무실은 최신 장비로 갖추어져 있습니다"
  → "저는 항상 정장을 입고 회의에 참석합니다"

◆ **권위자의 목소리와 일치시킨다**
  → "하버드 연구에서도 같은 결과가 나왔습니다"
  → "스포츠 선수들도 이 방식을 체력 관리에 활용합니다"

◆ **전문 용어와 수치를 곁들인다**
  → "최근 조사에서 73%가 그렇게 응답했습니다"
  → "임상시험에서 10명 중 9명에게서 증상이 개선되었습니다"

◆ **단계적으로 권위를 쌓는다**
  → "처음에는 작은 실무 경험에서 시작했죠"
  → "지금은 업계에서도 독점적 정보를 제공하는 위치입니다"

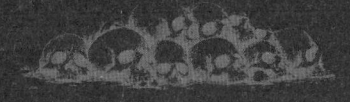

권위 설득 전략 체크리스트

■ 복장·환경·태도에서 권위 신호를 일관되게 설계하기

■ 권위자의 연구·사례·기관 보고서를 적절히 인용하기

■ 전문 용어와 수치를 포함하되 쉽게 풀어서 설명하기

■ '기초 사실 → 경험 공유 → 인사이트 → 독점 정보' 순으로 단계적 권위 쌓기

■ 외형적 장치와 실제 전문성을 함께 강화하기

■ 허위·과장 권위 사용을 피하고 신뢰와 진정성 유지하기

실시간으로 상대의 반응에 맞추라

상대의 미묘한 반응 읽기

FBI 협상 전문가가 인질범과 대화하고 있다. 전화 너머로 들리는 목소리의 미묘한 변화, 호흡의 깊이, 말하는 속도의 변화를 놓치지 않는다. "그렇게 생각하시는군요"라는 평범한 대답에서도 그는 상대방의 심리 상태를 정확히 읽어낸다. 목소리가 약간 높아졌다면 긴장하고 있는 것이고, 말이 빨라졌다면 불안해하고 있는 것이며, 침묵이 길어졌다면 갈등하고 있는 것이다. 그는 이런 신호에 맞춰 말투와 내용을 실시간으로 조정한다. 결국 6시간 후, 인질범은 무기를 내려놓는다.

상대의 신호에 맞춰 실시간으로 탁월하게 반응하면 거둘 수 있는 성과다. 설득은 미리 준비된 대본을 읽는 연극이 아니다. 살아있는 상대방과 벌이는 역동적인 상호작용이다. 상대방의 마음 상태는 매 순간 변하고, 그에 따라 설득 전략도 달라져야 한다.

입은 거짓말을 할 수 있지만, 몸은 거짓말을 하지 않는다.

폴 에크만의 연구에 따르면, 사람들은 의식적으로 표정을 조절할 수 있지만, 불과 0.25초가 못 되는 시간 동안 나오는 무의식적 표정은 감출 수 없다. 진짜 감정이 순간적으로 새어 나오는 것이다. 눈의 움직임도 중요한 단서다. 상대방이 위를 쳐다보면 기억을 떠올리고 있는 것이고, 아래를 보면 감정을 정리하고 있는 것이며, 옆을 보면 회피하고 있는 것이다. 동공의 크기 변화, 깜빡임의 빈도, 시선의 방향 모든 것이 마음 상태를 드러낸다.

몸짓 언어는 더욱 직접적이다. 팔짱을 끼면 방어적 자세이고, 몸을 앞으로 기울이면 관심을 보이는 것이며, 발을 문 쪽으로 향하면 빨리 나가고 싶어하는 것이다. 목소리도 마찬가지다. 톤이 높아지면 흥분 상태이고, 속도가 빨라지면 불안한 것이며, 볼륨이 작아지면 확신이 부족한 것이다.

이런 신호들을 읽는 능력은 훈련으로 향상시킬 수 있다. 숙련된 설득자들은 마치 마음을 읽는 것처럼 상대방의 내면을 들여다본다. 그들은 수천 번의 경험을 통해 어떤 신호가 어떤 의미인지 정확히 알고 있다. 반응을 보기 위해 상대를 떠보는 말을 던지기도 한다. "이 부분에 대해서는 어떻게 생각하세요?"라고 물어보고, 그 순간의 표정과 몸짓을 통해 진짜 속마음을 파악한다.

즉석에서 메시지 조정하기

세일즈맨 두 명이 같은 고객을 만났다. 첫 번째 세일즈맨은 미리 준비한 프레젠테이션을 처음부터 끝까지 그대로 진행했다. 고객이 지루해하는 기색을 보여도, 의심하는 표정을 지어도 아랑곳하지 않고 자신의 대본을 읽어 내려갔다. 결과는 거절이었다.

반면 두 번째 세일즈맨은 달랐다. 고객이 첫 번째 슬라이드에서 흥미를 잃은 듯한 표정을 짓자 곧바로 다음으로 넘어갔다. 특정 기능에 눈을 반짝일 때는 그 부분을 더 자세히 설명했고, 가격 이야기에 미간을 찌푸릴 때는 즉시 가성비를 강조했다. 이렇게 고객의 반응에 맞춰 메시지를 바꾼 결과는 계약 성사였다.

이처럼 상황에 따라 메시지를 유연하게 바꾸는 방식을 적응적 설득 adaptive persuasion 이라고 한다. 고정된 대본을 밀어붙이는 것이 아니라, 상대의 반응을 읽어내며 실시간으로 조정하는 것이다. 마치 재즈 연주자가 즉흥 연주로 분위기를 살리듯, 설득도 살아 있는 상호작용 속에서 새롭게 창조되어야 한다.

가장 기본적인 조정은 정보량의 조절이다. 상대가 이해하지 못하는 눈빛을 보이면 설명을 더 풀어주고, 지루해하는 기색이 보이면 핵심만 압축한다. 전문가를 상대할 때는 기술적 디테일을 늘리고, 일반인을 상대할 때는 쉬운 비유를 곁들이는 식이다. 이렇게 맞춤형으로 다루면 같은 메시지도 훨씬 효과적으로 전달된다.

상대의 몸짓과 감정선을 실시간으로 관찰해야 한다.

여기에 감정 톤 조정이 더해져야 한다. 상대가 신중한 성향이면 차분하고 논리적으로 접근하고, 감성적인 성향이면 열정적이고 감동적으로 호소한다. 불안해하는 모습이 보이면 안정감을 주는 메시지를, 흥미를 보일 때는 더 자극적이고 도전적인 메시지를 제시해야 한다. 더 발전하면 속도와 리듬까지도 조정해볼 수 있다. 상대가 빠른 속도로 말하면 자신도 속도를 맞추고, 천천히 말하면 여유롭게 따라간다. 이를 '페이싱 pacing'이라고 하는데, 상대와 같은 리듬을 공유할 때 자연스럽게 공감대가 형성된다.

궁극적으로는 선제적 조정에 이른다. 상대가 반응하기 전에 미리 그들의 생각을 예측하고 대비하는 것이다. "아마 이런 걱정을 하실 텐데…", "혹시 이런 의문이 드실 수도 있는데…"라는 식으로 먼저 꺼내주면 상대는 "이 사람이 내 마음을 정말 잘 아는구나"라는 신뢰를 느낀다. 무서운 점은 이러한 조정이 상대조차 눈치채지 못하게 진행된다는 사실이다. 숙련된 설득자는 자연스러운 대화를 나누는 것처럼 보이지만, 실제로는 매 순간을 계산하며 흐름을 조정한다. **상대는**

편안하고 즐거운 대화를 했다고 믿지만, 사실은 치밀하게 설계된 설득의 무대 위에서 움직이고 있는 것이다.

원칙1 상대의 반응을 주시하라

상대의 반응을 읽는 일은 단순한 관찰이 아니라, 다음 수를 결정하기 위한 준비 과정이다. 설득자는 마치 의사가 진단 후 처방을 내리듯, 상대의 신호를 읽어야만 효과적인 대응을 설계할 수 있다.

먼저 전체 분위기를 파악해야만 한다. 상대가 개방적인지 방어적인지, 적극적인지 소극적인지 전반적 태도를 읽는다. 몸의 자세, 표정의 기조, 목소리 톤 같은 큰 그림에서 시작한다. 그다음은 상대의 감정 상태를 분석해야 한다. 기쁨, 분노, 슬픔 같은 기본 감정 가운데 어떤 것이 지배적인지 눈썹·입꼬리·눈동자의 미묘한 변화를 통해 파악한다.

상대의 전체 분위기와 감정을 알았다면, 이제 화제에 대한 상대의 관심도를 헤아려야 한다. 특정 주제에 대해 시선을 유지하거나 몸을 앞으로 기울이면 흥미를 가진 것이고, 고개를 돌리거나 딴청을 부리면 집중을 잃은 것이다. 팔짱을 끼거나 시선을 회피하는 순간은 더 좋지 않은 신호로, 거부감을 드러내는 것이니 놓쳐서는 안 된다. 한편 고개를 끄덕이거나 구체적인 질문을 던질 때는 긍정적으로 살피고 있다는 뜻이다. 관찰은 끝이 아니라 출발점이다. 이 신호들을 읽고 나서야 비로소 메시지의 양을 늘릴지 줄일지, 감정을 자극할지 논리를 강화할지 판단할 수 있다.

원칙2 유연하게 방향을 바꾸라

상대의 신호를 읽었다면, 이제는 그에 맞게 실시간으로 메시지의 방향을 전환할 차례다. 설득은 미리 짜둔 시나리오를 낭독하는 일이 아니다. 상대방의 반응에 맞춰 즉석에서 유연하게 대응해야만 한다.

이를 위해 설득하려는 사람은 여러 루트를 준비해둔다. 논리적 접근, 감정적 접근, 권위에 호소하는 접근, 사회적 증거를 활용하는 접근 등이다. 상대가 지루해한다면 감정을 자극하는 이야기를 꺼내고, 반발이 느껴진다면 권위자의 연구 결과를 인용하는 식으로 곧바로 전략을 바꾼다.

순간의 흐름이 사람을 움직인다.

핵심은 전환의 타이밍이다. 너무 늦으면 설득이 이미 실패한 뒤이고, 너무 이르면 일관성이 깨져 불안정해 보인다. **상대의 거부감이 막 시작되는 순간, 즉 미간이 찌푸려지거나 몸이 뒤로 젖어지는 초기 신호가 나올 때가 가장 좋은 전환 지점이다.** 이때 "다른 예로 보면…", "이 관점에서는 또 다르게 해석할 수 있습니다" 같은 연결 문구를 사용하면 흐름이 끊기지 않는다. 자연스러운 전환은 상대가 눈치채지 못하게 해야 한다. **마치 원래 그 방향이었던 것처럼 보이게 만드는 것이 진짜 설득자의 기술이다.**

원칙3 서서히 방향을 유도하라

상대의 신호를 읽고, 상황에 맞춰 메시지를 전환했다면 마지막으로 필요한 것은 대화의 주도권을 쥐는 일이다. 주도권은 일방적으로 잡히는 것이 아니라, 먼저 상대와 충분히 동조해야만 따라온다. 이 과정이 바로 미러링과 리딩이다. 초기에는 상대의 말투·속도·톤·몸짓까지 최대한 비슷하게 맞춘다. 상대가 빠르게 말하면 자신도 빠르게, 조용히 말하면 자신도 톤을 낮춘다. 사용하는 어휘와 표현도 비슷하게 맞추면 친밀감이 빠르게 형성된다. 이렇게 해서 '우리는 같은 파장에 있다'는 무의식적 신호를 심어준다. 이것이 남의 행동을 모방하는, 미러링이다.

그다음에는 천천히 남을 유도하는 리딩으로 넘어간다. 말의 속도를 조금 늦추거나, 차분한 어조로 전환하면서 상대를 따라오게 만든다. 이 과정은 너무 서두르면 동조가 깨지고, 너무 늦으면 기회를 놓친다. 동조감이 최고조에 달했을 때 리딩을 시작하는 것이 핵심이다.

모방은 상대를 바꾸는 시작이다.

심리학 연구도 이를 뒷받침한다. 하버드 비즈니스 스쿨의 차트랜드와 바그는 대화 중 미묘한 미러링을 한 참가자들이 상대방으로부터 더 큰 호감을 얻고 협력 가능성이 높아졌다는 사실을 밝혔다. 이는 미러링이 단순한 모방이 아니라, 상대의 무의식에 '신뢰할 만한 사람'이라는 신호를 각인시키는 과정임을 보여준다. 이 원칙은 협상 테이블에서 특히 위력을 발휘한다. **상대와 발걸음을 맞추다가 어느 순간 나의 걸음으로 이끄는 것**, 그것이 바로 실시간 조정의 가장 정교한 형태다.

대화가 진행되는 내내 다음 세 박자를 반복하는 것을 잊지 말자. 지금 보이는 신호는 무엇인가(주시), 그 신호에 맞춰 정보량, 감정 톤, 말하기 속도, 화제·순서 등을 바꿀 것(전환), 합의가 형성된 지점에서 어디까지 이끌 것인가(리딩). 이 세 박자가 끊기지 않으면, 상대는 대화가 편안했다고 느끼지만 결과는 당신이 원하는 방향으로 수렴한다. 이것이 실시간 반응 맞춤 설득의 작동 원리다.

쉽게 해보는 실시간 반응 맞춤 설득 전략

앞서 본 원칙들을 일상에 적용하려면, 먼저 신호를 읽고(주시), 그 신호에 맞춰 방향을 바꾸며(전환), 필요할 때는 동조하여 자연스럽게 주도권을 가져오면 된다. 아래 장면별 가이

드는 이 순서를 간단히 반복하는 연습이다. 관찰로 시작해 조정으로 이어지고, 마지막에는 부드럽게 리딩한다.

연애

연애는 감정의 미세한 진폭을 읽고 맞추는 능력이 곧 성패를 좌우한다. 첫 데이트에서는 상대의 편안함을 먼저 진단한다. 긴장해 보이면 가벼운 농담과 쉬운 질문으로 호흡을 느리게 맞춘다. 지루해 보이면 화제를 전환하고, 시선이 자주 흩어지면 핵심만 간추린다. 시간을 자주 확인하면 다른 일정 신호이므로 자연스럽게 마무리한다.

관계가 깊어질수록 신호의 결이 더 섬세해진다. 온라인상에서 답장이 늦어지면 바쁘거나 거리를 두려는 가능성을 염두에 두고, 메시지의 길이, 이모티콘, 질문 빈도를 함께 본다. 온기가 줄어들면 친밀한 주제를 덜고 가벼운 공감으로 보조를 맞추어 본다. 갈등 상황에서는 목소리 톤이 높아지면 속도를 낮추고, 침묵이 길어지면 감정을 먼저 인정한다. "그 부분이 상처였구나" 등의 말로 공감의 다리를 놓은 뒤, 대안 제안을 짧게 리딩한다.

직장

회의에서는 여러 사람의 서로 다른 관심사를 동시에 읽어야 한다. 고개를 끄덕이는 사람이 생기면 그 포인트를 확장하고, 미간이 찌푸려지면 반대 논점을 선제적으로 정리한다. 스마트폰을 보는 사람이 늘어나면 내용을 이해하지 못하거나 지루하다는 뜻이다. 이때는 흐름을 압축하고 결론부터 제시한다. 이렇게 분위기를 스캔(주시)한 뒤, 설명의 깊이와 순서를 재배치(전환)하고, 동의가 형성된 지점에서 다음 안건으로 자연스럽게 넘긴다(리딩).

프레젠테이션에서는 집중의 파동을 따라 리듬을 조정한다. 하품이나 시선 이탈이 보이면 질문·손들기·간단한 시연으로 참여를 끌어올린다. 질문이 몰리는 주제는 더 깊게 파고들고, 반응이 엷은 부분은 슬라이드 수를 과감히 줄인다. 상사를 설득할 때는 의사결정 스타일을 즉석에서 식별한다. 데이터 중심이면 수치·그래프를 전면에 배치하고, 비전 중심이면 스토리와 사례를 강화한다. 필요할 때는 "이 지점은 짧게 넘기고, 바로 다음 내용으로 넘어 가겠습니다"처럼 전환을 명시해 흐름을 안정시킨다.

가족

　가족 관계는 익숙한 관계지만 감정의 잔상이 짙게 남는다. 그래서 더더욱 상대의 상태를 미세하게 살피는 것이 중요하다. 부모와의 대화는 컨디션 체크로 시작한다. 피곤해 보이면 날짜·돈·건강 같은 무거운 주제는 미루고, 가벼운 근황을 이야기하면서 기분을 끌어올려 주어 부탁을 할 토대를 만들어 둔다. 기분이 좋을 때는 평소 미뤄 둔 부탁을 간단한 근거와 함께 제안한다.

　자녀와의 대화는 관심사의 문으로 들어가야 한다. 게임에 몰두해 있다면 게임 얘기로 보조를 맞춘 뒤 접근해야만 한다. 친구 문제로 예민할 때는 조언보다는 현재 자녀가 느끼고 있는 감정이 무엇인지 함께 찾아보는 이름 붙이기 방법으로 안전지대를 만든다. 가족 회의에서는 반응을 보며 템포를 조절한다. 불만이 있는 기색이 보이면 그 의견부터 먼저 듣고, 모두가 지쳐 보이면 쉬어갈 수 있도록 조정해야 한다. 강압은 단기 침묵을 만들 뿐 장기적인 합의를 해친다. 합의가 형성되는 순간에는 "그럼 이렇게 정리하자"로 결론을 짧게 고정해 흐름을 수습한다.

실시간 반응 맞춤 설득 전략에서 주의할 점

상대의 실시간 반응에 맞추느라 너무 자주, 너무 반대 방향으로 메시지를 바꾸면 일관성이 없어 보인다. 상대방은 "이 사람이 진짜로 생각하는 게 뭐지?"라는 의심을 품는다. 조정은 자연스럽고 점진적이어야 한다.

핵심 메시지는 유지하면서 전달 방식만 조정하는 것이 중요하다. 내용 자체를 계속 바꾸면 신뢰를 잃는다. 목표는 같지만 접근법만 다양하게 시도하는 것이다. 비언어적 신호를 관찰할 때도 조심해야 한다. 같은 행동이라도 사람마다 다른 의미일 수 있다. 또한 그 순간의 컨디션이나 다른 요인 때문일 수도 있다. 성급한 판단보다는 여러 신호를 종합적으로 해석해야 한다. 하나의 신호만으로 결론을 내리지 말고, 일관된 패턴을 확인해야 한다. 불확실할 때는 직접 물어보는 것도 좋은 방법이다.

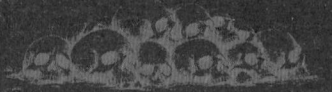

실시간 반응 맞춤 전략으로 설득하는 사람의 말버릇

◆ 신호를 확인하며 대화를 조율한다
  → "지금 이 부분은 어떻게 느끼세요?"
  → "궁금한 점 있으시면 바로 말씀해 주세요"

◆ 즉석에서 정보량과·난이도를 조정한다
  → "조금 더 쉽게 풀어볼게요"
  → "지루하실 수 있으니 핵심만 요약하겠습니다"

◆ 부정적인 반응을 확인하면 전환한다
  → "이 지점은 짧게 넘기고 바로 다음으로 가겠습니다"
  → "아마 이런 걱정을 하실 텐데, 미리 답을 드리면…"

◆ 합의 형성 지점에서 방향을 고정한다
  → "여기까지는 동의하신 거죠? 그럼 이렇게 정리할게요"

실시간 반응 맞춤 전략 체크리스트

- ■ 대화 초반에 표정·자세·목소리로 기본 태도 파악하기

- ■ 지루함, 난해함 신호에 맞춰 정보량 및 난이도 즉시 조절하기

- ■ 말투, 속도, 톤을 모방한 뒤 타이밍을 맞춰 유도로 전환하기

- ■ 찌푸림, 몸 기울임 등 부정적인 신호에 방향 전환하기

- ■ 핵심 메시지는 유지하고 방식만 바꾸기(일관성 잃지 않기)

- ■ 단일 신호로 단정하지 말고 복수 신호 교차 확인·필요 시 질문하기

- ■ 합의를 이뤄낸 뒤 결론을 고정해 못 박기

관계를 담보로 잡아라

관계의 힘을 이용한 설득

오후 늦은 시간, 직장 동료가 다가와서 말한다. "미안한데, 내가 급한 일이 생겨서… 너만 믿고 부탁하는 건데, 내 업무 좀 대신 해줄 수 있어? 평소에 네가 얼마나 든든한 동료인지 알고 있어서 말이야." 거절하고 싶지만 쉽지 않다. 같은 부탁을 낯선 사람이 했다면 단칼에 거절했을 텐데, 동료라는 관계 때문에 고민하게 된다. 결국 "그래, 이번만"이라고 말하며 추가 업무를 떠안는다.

이처럼 관계는 단순한 친밀함이 아니라 설득의 무대가 된다. 부탁은 거래가 아니라 관계의 시험으로 작동하며, 사람들은 "거절은 곧 관계의 부정"이라는 부담 때문에 쉽게 동의한다. 심리학자 플린과 골드맨의 연구는 이 점을 뒷받침한다. 참가자들은 낯선 사람에게는 거절당할 것이라 예상했고, 친구에게는 거의 반드시 수락할 것이라고 확신했다. 그러나 실제 결과는 달랐다. 낯선 사람조차 63%가 부탁을 들어주었고, 친구의 경우는 74%였다. 차이는 존재했지만, 우리가 생각하는 '압도적 격차'는 아니었다.

인간은 관계가 있으면 더 편하게 부탁한다.

그러나 중요한 것은 사람들이 낯선 사람에게 거절당할 가능성을 지나치게 크게 보고 있다는 점이다. 이런 선입견은 평소 맺던 인간관계, 즉 아는 사람과 '인맥'에 기반한 힘이 과대평가받고 있으며, 여기에 사람들이 의지하고 있다는 점을 간접적으로 보여준다.

관계는 설득의 토대다. 인간은 집단 속에서 진화했기 때문에 관계의 단절을 두려워한다. 설득자는 이 점을 활용해야 한다. 단순한 요청이라도 "우리 사이니까", "당신이기에 가능한 부탁"이라는 메시지를 덧붙이면, 부탁은 관계의 확인이 되고, 상대방은 거절하기 어려워진다. 즉, 관계는 논리적 근거 이상의 압박을 제공하는 설득의 지렛대다.

친밀감과 의무감 활용

관계가 설득의 무대라는 사실을 알았다면, 다음 단계는 그 무대를 어떻게 활용할 것인가다. 설득자는 관계적 힘을 단순히 전제하는 데서 그치지 말고, 의무감을 세밀하게 조작해 증폭시켜야 한다.

사람들은 관계의 깊이에 따라 서로 다른 수준의 책임감을 느낀다. 가족, 친한 친구, 지인, 낯선 사람 순으로 거절이 어려워진다. 그러나 단순히 관계에 기대는 것만으로는 부족하다. 같은 친구라도 "네가 마지막 희망이야", "다른 사람은 다 거절했어", "정말 급한 일이야" 같은 말을 덧붙이면, 그 관계적 의무감은 훨씬 무겁게 작동한다.

상호성의 원리도 강력하다. "내가 언제 너한테 도움 안 됐어?", "너도 힘들 때 내가 도와줬잖아"와 같은 표현은 과거의 호의를 현재의 의무로 전환시킨다. 여기에 감정적 압박까지 더하면 설득력은 극대화된다. "이걸 안 해주면 정말 섭섭할 거야", "네가 거절하면 나는 어떻게 해"라는 말은 상대를 정서적 책임자로 만든다.

다만 잊지 말아야 할 것이 있다. 관계를 무기로 한 설득은 단기적으로는 원하는 결과를 얻을 수 있지만, 장기적으로는 신뢰를 갉아먹는다. 억지로 들어준 부탁은 원망을 낳고, 반복된 감정적 압박은 관계 자체를 파괴한다. 설득자는 관계를 전략적으로 활용하되, 그 대가와 후폭풍까지 고려해야 한다.

원칙1 관계의 깊이에 따라 달리 부탁하라

첫 번째 원칙은 상대와의 관계 깊이에 따라 설득 방식을 달리하는 것이다. 가까운 관계일수록 더 직접적이고 감정적인 접근이 가능하고, 거리가 있는 관계일수록 예의와 명분을 앞세워야 한다. 가족이나 연인처럼 가까운 관계에서는 강력한 감정적 호소가 가능하다. "나를 정말 사랑한다면", "가족인데 이 정도도 안 돼?"라는 말은 관계 자체를 압박으로 바꿀 수 있다.

친한 친구에게는 우정과 서로간의 도움을 강조해야 한다. "친구 좋다는 게 이럴 때 아니야?", "나도 네가 힘들 때 도와 줬잖아"라는 말은 우정을 시험하는 장치가 된다. 일반 지인에게는 상호적인 교류에 덧붙여 사회적 예의를 이야기하면 좋다. "평소에 서로 도우면서 지내잖아요"라는 말은 거절을 무례로 보이게 만든다. 직장 동료에게는 개인적 부탁이 아니라 조직적 필요성으로 포장해야 한다. "우리 팀을 위해서", "회사 발전을 생각해서"라는 말을 하면 부탁을 들어주는 일을 개인적 호의가 아니라 공동의 과업으로 전환시킬 수 있다.

원칙2 점진적으로 관계의 깊이를 발전시켜라

두 번째 원칙은 관계의 깊이를 단계적으로 발전시키는 것이다. 큰 부탁을 한 번에 꺼내기보다는 작은 접촉과 친밀감을 쌓아가야 한다. 처음에는 가벼운 인사와 짧은 대화로 시작한다. "시간 좀 알려주세요", "길 좀 알려주세요"와 같은 작은 부탁은 거절하기 어렵고, 최소한의 교류를 만든다. 이어서 개인적인 이야기를 공유한다. "요즘 이런 고민이 있어서…"라는 대화는 단순한 지인을 친구로 끌어올린다.

그다음 단계에서는 상호 도움을 주고받는다. 작은 도움을 제공한 뒤 "저번에 도움 주셔서 감사했어요. 혹시 이런 것도 부탁드려도 될까요?"라고 말하면, 균형 속에서 더 큰 요청을 받아들이기 쉬워진다. 마지막 단계에서는 독점적 관계임을 강조한다. "당신만 믿고 부탁하는 거예요", "우리 사이니까 가능한 얘기죠"라는 말은 특별한 대우를 받는 듯한 착각을 만들어 거절을 더 어렵게 한다.

원칙3 과거의 관계를 상기시켜라

세 번째 원칙은 과거의 관계를 현재의 요구에 대한 정당화 근거로 활용하는 것이다. 사람은 과거에 주고받은 도움을 '투자'처럼 인식하고, 회수할 권리와 의무를 느낀다. 따라서 설득자는 먼저 과거의 도움을 구체적으로 환기해야 한다. "저번에 당신이 힘들 때 내가 도와줬잖아요", "그동안 내가 당신을 위해 한 일을 생각해보세요"라는 말은 기억을 생생히 되살린다. 이어서 상호성의 원칙을 강조한다. "이제 내가 도움이 필요한 때예요. 서로 도우면서 지내는 게 관계 아닌가요?"라고 말하면, 도움을 되갚아야 한다는 압박이 생긴다. 마지막으로 관계의 지속성을 언급해야 한다. "앞으로도 서로 도우면서 지내면 좋겠어요.", "우리가 계속 좋은 관계로 지낼 수 있을까요?"라는 말은 미래의 관계를 담보로 삼아 현재의 요구를 정당화한다.

쉽게 해보는 관계를 무기로 하는 설득 전략

가족

가족 관계는 가장 강력한 관계적 의무감이 작동하는 영역이다. 혈연이라는 끊을 수 없는 연결고리가 존재하기 때문에, 다른 어떤 관계보다 거절이 어렵다. 부모가 자녀에게 요구할 때는 양육의 은혜와 효도의 가치를 활용한다. "부모가 너를 키우느라 얼마나 고생했는지 아니?", "이제 네가 부모를 돌볼 때가 되지 않았니?", "다른 집 자식들은 다 효도하는데…"와 같은 말은 자녀에게 도덕적 의무감을 심어준다. 반대로 자녀가 부모에게 부탁할 때는 가족의 사랑을 강조한다. "가족이니까 도와줄 수 있는 거 아니야?", "다른 사람에게는 부탁할 수 없는 일이야", "부모님만 믿고 있어요"와 같은 표현은 가족이라는 특별한 관계를 내세워 거절하기 어렵게 만든다. 형제자매 간에는 동등한 위치에서의 상호부조가 설득의 무기가 된다. "형제 좋다는 게 이럴 때 아니야?", "나도 네가 힘들 때 도와줬잖아", "가족끼리 서로 돕는 게 당연하지"라는 말은 형제애와 상호 의무를 동시에 자극한다.

직장

직장 관계에서는 조직의 목표와 팀워크라는 명분이 설득의 핵심 자원이 된다. 같은 부탁이라도 상사, 동료, 부하직원 간에는 강조하는 포인트가 달라진다. 상사가 부하직원에게 요청할 때는 개인의 희생을 조직 전체의 필요와 연결한다. "회사가 어려운 시기인 거 알지?", "팀 성과를 위해서 네가 좀 더 노력해줘야 해", "다른 팀원들도 다 열심히 하고 있어"라는 말은 거절을 곧 조직 이탈로 보이게 만든다. 동료 간의 부탁에서는 협력과 연대감이 무기다. "우리가 서로 도우면서 일해 왔잖아", "너만 믿고 부탁하는 거야", "이번만 도와주면 다음에 내가 꼭 갚을게"와 같은 말은 상호부조의 틀을 강화한다. 반대로 부하직원이 상사에게 요청할 때는 개인적 요구를 조직적 이익으로 포장해야 한다. "더 좋은 성과를 내기 위해 필요한 거예요", "팀 발전을 위한 투자라고 생각해주세요", "회사 전체에도 도움이 될 거예요"라는 말은 상사의 의사결정을 합리적이고 전략적인 선택으로 바꿔놓는다.

연애

연애 관계에서는 사랑이라는 감정이 설득의 가장 강력한 무기가 된다. 단순한 부탁조차 거절하면 곧 사랑하지 않는다는 증거처럼 느껴지게 만들 수 있기 때문이다. 일방적인 희생을 요구할 때는 "나를 정말 사랑한다면 이 정도는 해줄 수 있지?", "사랑하는 사람을 위해서라면 당연한 거 아니야?", "다른 커플들은 다 이렇게 하는데…"라는 식으로 사랑을 조건부로 만든다. 또 다른 전략은 질투와 의심을 자극하는 것이다. "다른 사람이 더 중요한 거야?", "나보다 친구들이 더 소중하다는 거지?", "정말 나를 사랑하는 게 맞아?"라는 질문은 관계의 우선순위를 문제 삼아 상대방의 불안을 자극한다. 마지막으로 미래를 담보로 한 설득도 자주 활용된다. "우리가 결혼까지 생각하는 사이잖아", "평생 함께할 사람인데 이 정도도 못 해줘?", "진짜 오래 사귈 생각이면…"과 같은 말은 장기적 관계에 대한 불안을 건드려 현재의 요구를 정당화한다.

관계를 무기로 하는 설득 전략에서 주의할 점

관계를 이용한 일시적 성공은 장기적으로 큰 대가를 치를 수 있다. 한번 관계를 무기로 사용하면, 상대방도 같은 방식으로 대응하게 되고, 결국 진정한 신뢰가 사라질 수 있다. 결국 사용 가능한 관계는 거의 사라지고 만다. 이것은 장기적으로 보았을 때 좋은 상황이 아니다. 지속 가능한 관계를 위해서는 상대방의 이익도 진심으로 고려해야 한다. 관계는 일방적 이용의 도구가 아니라 상호 이익의 기반이어야 한다.

관계를 무기로 설득하는 사람의 말버릇

◆ 관계를 전제로 압박한다
　→ "우리 사이니까 가능하잖아"

◆ 상호성을 환기해 의무감을 만든다
　→ "네가 힘들 때 내가 도왔잖아"

◆ 특별 대우·독점 관계를 암시한다
　→ "이건 너라서 부탁하는 거야"

◆ 감정적 부담을 걸어둔다
　→ "안 해주면 정말 섭섭할 거야"

◆ 미래의 관계를 담보로 삼는다
　→ "우리가 오래 함께할 건데"
　→ "다음에 내가 크게 보답할게"

관계를 무기로 하는 설득 체크리스트

■ 상대와의 관계의 깊이를 구분하고 맞춤 톤 정하기

■ 단계적으로 친밀감 쌓기

■ 과거 호의를 구체적으로 상기시키기

■ 관계 활용 후 즉시 감사 표시 및 되갚아주기

■ '필요할 때만 친근'으로 비치지 않게 평소 관계를 관리하기

"스스로 알아서
행동하게 하라"

5부

장기적인 설득의 전략

습관으로 만들어주라

작은 동의에서 큰 행동으로

한 온라인 쇼핑몰이 교묘한 전략을 시작했다. 처음에는 단순한 이메일 구독만 요청했다. "할인 정보를 받아보시겠어요?" 몇 주 후에는 무료 배송을 위한 회원가입을 제안했고, 그다음에는 더 나은 서비스를 위해 개인정보 추가 입력을 요구했다. 마지막에는 프리미엄 멤버십까지 권했다. 놀랍게도 처음 이메일 구독에 동의한 사람들의 80% 이상이 프리미엄 멤버십까지 가입했다. 각 단계에서는 "어차피 여기까지 했는데…"라는 생각이 작동하여 다음 단계를 수용하게 된 것이다.

이것이 바로 점진적 몰입 gradual commitment 의 무서운 힘이다. 인간은 자신의 과거 행동과 일치하는 방향으로 계속 움직이려는 강한 욕구를 지니고 있다. 심리학에서는 이를 일관성 원리 consistency principle 라고 부른다. 한번 특정 방향으로 발걸음을 내디디면, 마치 관성처럼 그 방향을 계속 유지하려 한다.

반복 행동하다 보면 정체성의 일부가 된다.

반복적으로 행동하다 보면 단순한 행동을 넘어 정체성으로 굳어진다. 환경보호 캠페인에 작은 기부를 한 사람은 스스로를 "나는 환경을 생각하는 사람"이라고 정의하기 시작한다. 이후 더 큰 기부나 봉사에도 거부감이 사라진다. 작은 행동의 축적은 결국 "나는 원래 이런 사람"이라는 자기 인식을 강화시키는 셈이다.

현대 디지털 플랫폼들은 이 원리를 극한까지 활용한다. 게임은 '튜토리얼'이라는 작은 행동들로 시작해 사용자의 참여를 점점 확장시킨다. 소셜미디어는 '좋아요' 하나를 누르게 한 뒤, 점차 더 많은 시간과 개인정보를 투입하게 만든다. 처음에는 하찮아 보이는 단계지만, 모든 단계를 거치고 나면 사용자는 완전히 다른 정체성을 가진 사람이 되어 있다.

무서운 것은 사람들이 이런 변화를 자연스러운 성장으로 착각한다는 점이다. "내가 원래 관심 있던 분야", "내가 스스로 선택한 것"이라고 믿지만, 사실은 설계된 단계적 유도에 의해 습관이 형성된 것이다. 바로 여기서 설득의 핵심이 드러난다. 작은 동의의 반복이 습관으로 굳어지면, 설득은 단발적 동의가 아니라 장기적 지배로 이어진다.

단기 변화에서 장기 습관으로

그렇다면 설득자는 이 원리를 어떻게 활용해야 할까. 핵심은 단기적 변화를 일시적 반응에 머물게 두지 않고, 장기적 습관으로 굳히도록 유도하는 것이다. 영국 유니버시티 칼리지 런던의 필리파 랠리 연구팀은 96명의 참가자에게 새로운 습관을 만들도록 요청했다. 물 마시기, 운동하기, 과일 먹기 등 간단한 행동들이었다. 그리고 이 행동이 자동적으로 실행되기까지 얼마나 걸리는지를 추적했다. 결과는 평균 66일. 그러나 개인차가 컸다. 어떤 사람은 18일 만에 습관이 완성됐지만,

어떤 사람은 254일이나 걸렸다. 이 연구는 습관화가 단순 반복만으로 이뤄지는 것이 아니라, 행동의 종류·개인 성향·환경·보상 구조 등 다양한 변수에 의해 좌우된다는 사실을 보여준다.

설득의 고수들은 이런 변수들을 통제한다. 그들은 습관 루프 habit loop 를 설계한다. '신호(Cue) → 루틴(Routine) → 보상(Reward)'의 구조를 통해 **설득 대상이 행동을 자동으로 수행하도록 만든다.** 예를 들어, 피트니스 앱은 매일 같은 시간에 알림을 보내 운동을 유도하고(신호), 사용자가 실행하면 성취감과 포인트를 제공한다(보상). 이 과정이 반복되면 사용자는 더 이상 고민하지 않고 자동으로 앱을 열고 운동을 하게 된다. 설득을 잘하는 사람은 마치 피트니스 앱이 해내듯 사람들을 반복해서 행동하게 만든다.

습관화의 목표는
상대가 계속 알아서 행동하게 하는 것이다.

행동에 대한 보상도 중요한데, 이 일정도 잘 조절해야만 한다. 매번 같은 보상을 주면 금세 지루해지지만, 불규칙하게 보상을 주면 중독성이 극대화된다. 카지노의 슬롯머신이 대표적이다. 언제 당첨될지 모른다는 불확실성이 사용자를 계속 붙잡는다. 소셜미디어의 "좋아요" 알림, 쇼핑 앱의 랜덤 할인, 게임의 랜덤 아이템도 같은 원리를 따른다.

여기에 더해 사회적 정체성과 결합시키면 더 좋다. "매일 운동하는 사람들의 커뮤니티", "환경을 지키는 사람들의 모임", "성공하는 사람들의 습관" 같은 집단적 프레임은 개인이 습관을 단순한 행동이 아니라 소속의 증거로 받아들이게 만든다. 일단 이런 사회적 습관화가 형성되면 개인은 스스로 동기를 잃어도 집단의 기대와 압박 때문에 행동을 멈추지 못한다.

정말로 성공하는 설득은 단순히 한 번의 동의를 얻는 것에 그치지 않는다. 훌륭한 설득은 상대방의 일상에 파고들어 작은 행동을 반복시키고, 그것을 습관으로, 나아가 정체성으로 고착시키는 것이다. 설득의 궁극적 힘은 바로 여기에 있다. **순간의 설득을 넘어, 상대방이 스스로 원해서 하는 것처럼 보이는 습관을 만들어내는 것**. 그것이야말로 설득이 장기적 영향력을 행사하는 비밀이다.

원칙1 단계별로 습관을 붙이게 하라

습관은 한 번에 큰 행동으로 만들어지지 않는다. 작은 동의와 작은 행동이 점차 확장되면서 정체성으로 굳어지는 것이다. 따라서 설득자는 극도로 작은 단위부터 시작해야 한다. 핵심은 상대가 "거절하기 애매할 정도로 작은 단계"를 밟게 하고, 그것을 다음 단계로 연결하는 것이다.

첫 단계는 단순히 존재를 알리는 것이다. 아무 행동도 요구하지 않고 "이런 것이 있다더라", "참고로 알아두세요" 정도의 정보만 제공한다. 다음 단계는 가벼운 관심을 표현하게 하는 것이다. "어떻게 생각하세요?", "관심 있으세요?"와 같은 질문은 부담 없이 반응할 수 있다. 이어지는 단계는 상징적 행동이다. 좋아요 누르기, 이메일 구독, 짧은 설문 응답처럼 실질적 의미는 작지만 "참여했다"는 기록이 남는 행위다. 그다음은 최소 실행 단계다. 1회 체험, 소액 구매, 짧은 참여 같은 아주 작은 실질 행동을 이끌어낸다. 여기서 "한 번만", "부담 없이" 같은 표현은 심리적 저항을 크게 줄인다.

이후 단계는 이미 한 행동을 근거로 다음 행동을 정당화한다. "이미 체험해보셨으니까", "관심을 보이셨으니까"라는 논리는 상대를 점점 더 깊이 끌어들인다. 작은 동의가 누적될수록, 상대는 스스로 "나는 이미 이 길을 걷고 있다"는 확신을 갖게 된다.

원칙2 반복 훈련시켜라

습관은 단발적 행동이 아니라, 일정한 신호와 연결된 반복을 통해 형성된다. 설득자는 이 점을 활용해 특정 상황이나 신호와 원하는 행동을 강하게 연결시켜야 한다. 먼저 상대방의 일상 루틴을 파악한다. 언제 일어나고, 언제 쉬며, 어떤 시간대에 휴대폰을 확인하는지 관찰한다. 그런 뒤 가장 규칙적이고 예측 가능한 시점을 행동의 신호로 설정한다. "아침 커피 마실 때 이 앱을 확인해보세요", "점심시간에 이 소식을 체크해보세요", "퇴근길에 이 팟캐스트를 들어보세요"라는 식으로 특정 시간·행동과 새로운 습관을 엮는 것이다.

초기에는 알림과 리마인더를 적극 활용한다. 푸시 알림, 문자, 이메일은 일종의 인위적 신호다. 시간이 지나면 알림이 사라져도 스스로 자동 반응하도록 만드는 것이 목표다. 보상 구조도 빠질 수 없다. 행동 직후 작은 성취감을 주는 포인트, 뱃지, 랭킹, 사회적 인정은 습관 형성을 강화한다. 특히 불규칙 보상은 강력하다. 언제 포인트가 더 크게 주어질지, 언제 특별 혜택이 주어질지 알 수 없을 때, 사람은 반복 참여에 더 집착한다. 이 반복 훈련은 결국 행동을 '생각하지 않고 저절로 하는 것'으로 만든다. 설득의 진짜 힘은 바로 이 자동화된 습관에서 나온다.

원칙3 정체성과 연결시켜주라

습관은 단순히 행동의 반복에서 끝나지 않는다. 그것이 '나는 누구인가'라는 정체성과 결합할 때 비로소 장기적으로 유지된다. 설득자는 개인적 행동을 사회적 정체성과 연결해 상대가 스스로 행동을 지속하게 만들어야 한다.

먼저 상대가 되고 싶어 하는 이상적 정체성을 파악한다. "성공하는 사람", "건강한 사람", "환경을 지키는 사람"처럼 그들이 스스로에게 부여하고 싶은 타이틀을 찾아내는 것이다. 그 다음, 원하는 행동을 그 정체성과 자연스럽게 연결한다. "성공하는 사람들의 공통 습관", "환경을 지키는 사람들이 선택하는 방법"이라는 메시지는 단순한 행동을 자기 정체성의 증거로 만든다.

이후에는 커뮤니티와 사회적 장치를 활용한다. 같은 행동을 하는 사람들끼리 모여 서로 확인하고 격려하면, 그 집단의 일원이 되기 위해 행동을 유지한다. 여기에 정기적 피드백과 인정을 더하면 효과는 배가된다. "이달의 우수 회원", "꾸준히 참여한 분들" 같은 사회적 인정은 사람들로 하여금 행동을 멈추지 못하게 만든다.

결국 **습관은 '나의 행동'에서 '나의 정체성'으로 발전한다**. 개인적 동기가 사라져도 정체성과 소속감이 유지되는 한, 행동은 계속 반복된다. 설득자가 진정으로 원하는 것은 바로 이 단계다. 상대가 스스로 "나는 원래 이런 사람"이라고 믿도록 만드는 것, 그것이야말로 장기적 설득의 완성이다.

쉽게 해보는 습관화 설득 전략

습관화는 거창한 프로그램에서만 이루어지는 것이 아니다.

오히려 가족, 직장, 연애 같은 일상의 관계 속에서 더 자연스럽게 작동한다. 중요한 것은 억지로 강요하지 않고, 작은 루틴을 반복하게 하며, 그것을 정체성과 연결하는 것이다. 아래의 사례들은 일상적 맥락에서 습관화 설득이 어떻게 구체적으로 활용될 수 있는지를 보여준다.

가족

가족 관계에서는 일상적인 루틴과 전통을 통해 행동을 습관화시킬 수 있다. 강제적인 지시보다는 자연스럽게 반복되는 패턴을 만드는 것이 핵심이다. 예를 들어 부모가 자녀의 습관을 만들고자 할 때는 작은 루틴부터 시작해야 한다. "매일 저녁 식사 후 10분만 책 읽기", "주말마다 함께 산책하기", "매주 한 번 가족 영화 시간" 같은 약속은 부담이 없으면서도 꾸준히 실행할 수 있다.

초기 단계에서는 재미와 보상을 강조하는 것이 효과적이다. 억지로 시키는 대신 즐거운 활동처럼 포장해야 한다. 스티커 차트, 작은 선물, 칭찬과 인정은 자녀가 행동을 반복할 동기를 만든다. 시간이 지나면 이러한 활동을 "우리 가족의 전통"과 연결시켜야 한다. "우리 가족은 원래 책을 좋아해",

"우리 가족은 함께 시간을 보내는 걸 중요하게 생각해" 같은 말은 단순한 루틴을 가족 정체성으로 고착시킨다.

직장

직장에서는 개인의 성과와 팀의 목표를 연결하여 업무 습관을 형성할 수 있다. 중요한 것은 강압적인 규율이 아니라, 지속 가능한 패턴을 설계하는 것이다. 새로운 업무 프로세스를 도입할 때는 한 번에 큰 변화를 요구하기보다 작은 부분부터 시작하는 편이 효과적이다. "이번 주는 이 부분만 해보자", "익숙해지면 다음 단계로"라는 방식은 점진적 몰입을 가능하게 한다.

또한 개인의 성향과 업무 스타일에 맞춰 습관을 권유해야 한다. 아침형 인간에게는 오전 루틴을, 야간형 인간에게는 오후 루틴을 배치하는 식으로 개인 차이를 고려하면 습관 형성이 훨씬 빠르다. 나아가 팀 차원에서는 상호 지원 시스템을 만드는 것이 중요하다. 서로의 습관 형성을 도와주고, 격려하며, 피드백을 주고받는 문화가 뒷받침될 때 습관은 더욱 공고해진다. "습관 파트너" 제도나 "진행 상황 공유" 세션은 팀 전체가 함께 성장하는 동력을 제공한다.

연애

연애 관계에서는 둘만의 루틴과 의식을 통해 관계를 깊게 만들 수 있다. 작은 습관들이 쌓여 관계의 기반이 되고, 그 자체가 관계의 안정감을 높인다. 연애 초기에는 정기적인 만남 패턴을 설정하는 것이 효과적이다. "매주 금요일 저녁", "격주 주말", "매달 마지막 토요일" 같은 일정은 예측 가능성을 만들어 주고, 안정된 관계의 틀을 제공한다.

일상 속 소통 습관도 중요한 요소다. "매일 굿모닝 메시지", "점심시간 안부 확인", "잠자기 전 하루 정리" 같은 작은 루틴은 친밀감을 꾸준히 유지시킨다. 시간이 지나면서는 더 의미 있는 의식을 만들어야 한다. "매월 첫 데이트 기념일", "계절마다 특별한 여행", "1년 단위 목표 설정" 같은 장기적 루틴은 단순한 만남을 넘어서 관계 전체를 '습관화된 의식'으로 만든다.

습관화 전략으로 설득하는 사람의 말버릇

◆ 아주 작은 동의부터 유도한다
  → "부담 없이 이 메일만 등록해보세요"
  → "한 번만 눌러주시면 돼요"
  → "30초면 끝나요"

◆ 이전 행동을 근거로 다음 단계를 제시한다
  → "이미 체험해보셨으니 이번엔 1주만 해볼까요?"
  → "어차피 여기까지 왔잖아요"

◆ 신호-루틴-보상으로 고착시킨다
  → "연속 기록 끊기지 않게 오늘도 체크!"
  → "우리 '매일 하는 사람들' 모임에 초대할게요"

습관화 전략 체크리스트

■ 거절하기 애매한 최소 행동부터 제안하기

■ 이전 참여를 근거로 다음 단계로 자연스럽게 연결하기

■ 일상에 맞춘 신호-루틴-보상 설계하기

■ 초기엔 확실한 보상, 이후엔 변동 보상 섞어 동기 유지하기

■ 알림, 리마인더로 반복 트리거 만들고 점차 자율화하기

■ 개인의 생활 리듬에 맞춘 시간·상황 연동 루틴 만들기

반복하여 설득하라

반복적 노출과 잠재적 각인

똑같은 광고 메시지를 전달하는 프로젝트가 있다고 해보자. A 지역에는 한 번에 모든 내용을 자세히 설명하는 긴 광고를, B 지역에는 핵심 문구만 담은 짧은 광고를 매일 반복 노출했다. 결과는 어땠을까? B 지역 주민들이 그 광고를 더 많이 기억했고, 더 긍정적으로 평가했다. 심지어 구체적인 내용을 대부분 기억하지 못했는데도 말이다.

이것이 바로 단순 노출 효과 mere exposure effect 의 무서운 힘이다. 인간의 뇌는 자주 접하는 것을 안전하고 좋은 것으로 인식하도록 설계되어 있다. 수만 년 전 조상들에게 낯선 것은 위험을 의미했지만, 익숙한 것은 생존의 안전을 의미했기 때문이다. 이 원시적 본능이 현대에도 그대로 작동한다.

익숙함이 설득의 지름길이다.

더 놀라운 것은 이 효과가 의식적 인지 없이도 작동한다는 점이다. 사람들은 왜 그것을 좋아하는지, 왜 신뢰하는지 정확한 이유를 설명하지 못한다. 단지 "익숙하니까", "많이 봤으니까" 좋다고 느낄 뿐이다. 논리적 판단보다 감정적 반응이 먼저 작동하는 것이다.

연구자 로버트 자이언츠는 어떤 대상을 반복해서 보여주기만 해도 사람들이 그 대상에 더 호감을 느끼는지를 실험으로 확인하고자 했다. 자이언츠는 사람들이 반드시 의식적으로 기억하거나 평가하지 않더라도, 단순히 많이 본 것만으로도 긍정적인 태도가 형성될 것이라고 가정했다. 그는 다양한 참가자를 모집해 실험실에서 무의미한 자극들을 보여주었다. 실험에 사용된 자극은 세 가지였다. 서양 참가자들이 알 리가 없는 중국어 상형문자, 터키어 단어, 그리고 낯선 사람의 얼굴 사진이었다. 참가자들은 화면에 아주 짧은 시간(0.1초 정도) 동안 이 자극들을 보았다. 어떤 것은 한두 번만 보았고, 어떤 것은 10번에서 많게는 25번까지 반복해서 보았다.

노출이 끝난 뒤 참가자들은 각 자극에 대해 호감도를 평가해야 했다. "이 문자가 마음에 드는가?", "이 얼굴이 친근하게 느껴지는가?"와 같은 질문이었다. 동시에 "이 자극을 본 적이 있습니까?"라는 기억 여부도 물었다.

노출이 반복되면 신뢰가 만들어진다.

결과는 뚜렷했다. 참가자들은 더 자주 본 자극에 더 높은 호감을 보였다. 예를 들어, 25번 노출된 중국어 상형문자는 5번 노출된 것보다 훨씬 더 호감도가 높게 평가되었다. 더 흥미로운 점은 많은 참가자들이 자신이 그 자극을 본 적이 있다는 사실조차 기억하지 못했는데도, 반복 노출된 대상을 더 좋아했다는 것이다. 즉, 단순 노출 효과는 의식적인 기억이나 논리적 평가 없이도 작동한다는 사실이 증명된 것이다.

이 연구의 결론은 단순하지만 강력하다. 사람들은 복잡한 이유 때문에 어떤 대상을 좋아하는 것이 아니다. 단순히 여러 번 접했기 때문에 더 친근하게 느끼고, 그 친근함이 곧 호감으로 이어진다. 이 원리는 마케팅과 광고에서 브랜드 로고를 반복 노출하는 전략, 정치 캠페인에서 구호를 반복적으로 외치는 전략 등 수많은 분야에 응용되고 있다. 결국 "익숙하니까 좋다"는 단순한 심리가 우리의 선택을 크게 좌우한다는 점을 보여준다.

현대 마케팅과 정치 캠페인은 이 원리를 체계적으로 활용한다. 같은 브랜드 로고를 거리와 매장, TV와 온라인 광고에서 반복적으로 보여준다. 같은 정치 구호를 뉴스, 연설, 현수막, SNS에서 끊임없이 노출시킨다. 메시지의 질이 아니라 양이 승부를 결정한다. 사람들은 반복되는 메시지를 진실처럼 받아들이기 때문이다.

반복을 자연스레 녹아들게 하라

1930년대 나치 독일의 선전부 장관 요제프 괴벨스는 악명 높은 말을 남겼다. "거짓말도 백 번 하면 진실이 된다." 그는 이 원리를 체계적으로 실행했다. 같은 메시지를 라디오, 신문,

포스터, 집회, 교육에서 끊임없이 반복했다. 독일 국민들은 하루 종일 같은 메시지에 둘러싸여 살았다. 결국 그 거짓말들이 의심 없는 진실처럼 받아들여졌다.

이것이 바로 메시지 환경 고정화의 극단적 사례다. 특정 메시지를 일상 환경의 일부로 만들어 사람들이 그것을 자연스러운 배경처럼 인식하게 하는 방식이다. 물고기가 물을 의식하지 않듯, 사람들은 자신을 둘러싼 메시지 환경을 의식하지 못한다.

오늘날에는 더 정교한 방식이 사용된다. 디지털 플랫폼의 알고리즘은 사용자의 성향에 맞는 메시지만 반복 노출시킨다. 같은 정치적 견해, 같은 소비 패턴, 같은 가치관을 가진 콘텐츠만 계속 보게 된다. 여기에 확증 편향이 결합하면, 기존 믿음과 일치하는 메시지만 끝없이 강화된다. 소셜미디어에서 같은 의견의 사람들끼리만 모이는 현상도 같은 맥락이다. 같은 메시지가 여러 사람의 입을 통해 반복되면서 마치 객관적 진실인 것처럼 느껴진다.

더 교묘한 전략은 '일상화'다. 메시지를 특별한 것으로 포장하지 않고, 드라마 속 간접광고나 예능 프로그램의 자연스러운 언급처럼 생활의 일부로 스며들게 한다. 이런 방식은 광고처럼 보이지 않기 때문에 방어막이 작동하지 않는다. 사람들은 경계심 없이 받아들이고, 그것을 자신의 경험으로 착각한다.

원칙1 장기간에 걸쳐 분산해서 노출시킨다

사람의 기억은 빠르게 희미해지지만, 일정한 간격으로 반복되는 정보는 '낯설음'을 줄이고 친숙함을 높인다. 이것이 바로 단순 노출 효과다. 특정 메시지를 한 번에 몰아치는 설득은 오히려 거부감을 키울 수 있지만, 오랜 기간 조금씩 반복되는 말은 상대가 스스로 생각을 바꾸는 듯한 착각을 불러온다.

예를 들어 부모가 자녀에게 진로를 권유할 때, 매일 같은 말을 반복하면 반발심만 커진다. 그러나 일주일에 한 번, 혹은 한 달에 몇 번씩만 가볍게 언급하면 아이는 무의식 속에서 점점 그 이미지를 받아들이게 된다. 시간이 흐를수록 "나도 모르게 계속 떠오르는 주제"가 되고, 거부감 없이 받아들이게 된다.

이 전략이 효과적인 이유는 뇌의 망각 곡선 때문이다. 사람은 새로 배운 내용을 급격히 잊지만, 일정한 간격으로 다시 접하면 잊히지 않고 장기 기억으로 전환된다. 설득자에게 중요한 것은 "상대가 잊을 만할 때 다시 나타나게 하는 것"이다. 이렇게 간격을 두고 반복하면 메시지는 강요가 아니라 자연스러운 배경처럼 각인된다.

원칙2 여러 채널을 활용해 포위하라

한 사람의 주장일 때는 의심하지만, 여러 사람과 상황에서 반복되면 "다수의 의견"처럼 받아들인다. 설득자는 이 점을 이용해 **메시지를 다양한 경로로 흘려야 한다**. 예를 들어 직장에서 새로운 방식을 도입하고 싶다면, 본인이 직접 말하는 것만으로는 부족하다. 회식 자리에서 동료가 "그 방법이 괜찮다더라"고 말하고, 며칠 뒤 상사가 비슷한 얘기를 해주면, 설득 대상은 자연스럽게 "이건 내가 무시할 수 없는 흐름이구나"라고 생각한다. 가족 사이에서도 마찬가지다. 배우자, 부모, 친구가 같은 맥락의 이야기를 해주면 단순한 개인적 요구가 아니라 '공통된 의견'으로 인식된다.

남의 입을 빌려 반복해 말하라.

 심리학에서는 이를 다원적 무지와 동조 효과라고 설명한다. 사람은 주변의 다수가 공유하는 것처럼 보이는 의견에 쉽게 끌린다. 그래서 설득자는 여러 채널을 동원해 하나의 메시지를 다양한 방식으로 노출해야 한다. 중요한 것은 똑같은 표현을 반복하지 않고, 맥락만 달리해 변주하는 것이다. 그래야 조작의 냄새가 사라지고, 자연스러운 합의처럼 느껴진다.

원칙3 일상 속에 자연스럽게 스며들게 하라

설득의 가장 교묘한 형태는 설득처럼 보이지 않는 설득이다. 노골적으로 주장하면 사람은 방어 태세를 갖추지만, 일상 속 자연스러운 대화와 경험 속에 메시지가 녹아들면 무의식적으로 받아들인다.

 예를 들어 직장에서 점심을 먹으며 가볍게 "그 방법 쓰는 팀이 성과가 좋대"라고 던지는 한마디는, 회의실에서 장황하게 발표하는 것보다 더 오래 기억된다. 친구들과 운동을 하다가 "이거 하면 체력에도 좋고 네 성향이랑 잘 맞을 거야"라고 말하는 것도 마찬가지다. 설득은 특별한 무대가 아니라, 상대가 경계하지 않는 순간에 스며들 때 가장 강력하다.

사람은 특정 주제를 공식적으로 제시받을 때보다, 일상적 맥락 속에서 자연스럽게 접했을 때 더 신뢰한다. 특히 메시지를 전달하는 사람이 신뢰할 만한 인물일 경우, 그 효과는 배가된다. 가족, 친구, 동료처럼 가까운 사람이 같은 이야기를 반복하면, 설득으로 인식되지 않고 "다들 그렇게 생각하네"라는 사회적 압력으로 작동한다.

쉽게 해보는 반복 설득 전략

가족

가족 관계는 가장 일상적이고 지속적인 상호작용이 일어나는 공간이다. 설득자는 이 환경을 활용해 특정 가치관이나 메시지를 은근히 각인시킬 수 있다. 핵심은 강요가 아니라, 반복적 언급을 통해 메시지를 자연스럽게 습관처럼 받아들이게 하는 것이다.

예를 들어 부모가 자녀에게 정직이나 성실 같은 가치를 심어주고 싶을 때, 직접적인 설교보다는 일상적 대화를 활용하는 편이 효과적이다. "우리 가족은 정직을 중요하게 생각해", "성실한 사람이 결국 성공하더라", "배려하는 마음이 가장 중요해" 같은 말을 여러 상황에서 반복하면 아이는 그것을 '가족의 공통된 신념'으로 체화한다. 또한 드라마나 영화를 함께 보면서 "저 사람처럼 행동하는 게 옳지", "이런 선택이 현명한 거야"라고 코멘트하면, 재미있는 맥락 속에서 메시지가 자연스럽게 주입된다.

칭찬과 격려도 반복 설득의 강력한 도구다. 자녀가 원하는 행동을 했을 때 "역시 우리 아이는 착해", "이런 게 바로 올바른 행동이야"라고 말하면, 가치관과 행동이 연결되면서 반복될수록 강화된다. 이렇게 작은 언급들이 축적되면, 자녀는 특정 가치를 자발적으로 지키려는 태도를 가지게 된다.

직장

직장은 개인이 하루 중 많은 시간을 보내는 공간이자, 반복적인 메시지 노출이 가장 효과를 발휘할 수 있는 곳이다. 설득자는 공식적 교육뿐만 아니라 비공식적 소통을 통해 조직의 가치와 문화를 꾸준히 주입해야 한다.

사무실 환경 자체를 활용하는 것도 한 방법이다. 회사 비전 문구, 핵심 가치, 성공 사례를 포스터나 전자 게시판으로 노출하면, 구성원은 매일 스쳐 보면서 무의식적으로 그 가치를 내면화한다. 다만 지나치게 많으면 무시되므로, 핵심 메시지 몇 가지를 일관되게 강조해야 한다.

정기적인 회의나 워크숍에서도 같은 효과를 낼 수 있다. 매번 똑같은 표현을 반복하면 피로감을 줄 수 있으니, 새로운 사례나 다른 관점을 덧붙여 발전하는 이야기처럼 보여주는 것이 중요하다. 더 나아가 성과 평가와 보상 체계에 조직 가치를 반영하면, 가치는 단순한 구호가 아니라 실제 행동의 기준이 된다. 이렇게 일상 업무 속에서 반복적으로 확인되는 메시지는 직원들의 무의식에 깊이 각인된다.

연애

연애 관계에서도 반복은 강력한 설득 도구다. 특별한 이벤트보다 더 큰 힘을 가지는 것은 일상 속에서 꾸준히 전달되는 메시지다. 설득자는 대화를 통해 둘만의 관계 규칙과 문화를 자연스럽게 형성해야 한다.

데이트 중에 "연인끼리는 서로 솔직해야 한다고 생각해", "믿음이 가장 중요한 것 같아", "함께 성장하는 관계가 좋은 것 같아"라고 반복적으로 말하면, 상대는 그 메시지를 '우리의 합의된 규칙'으로 받아들이게 된다. SNS나 메시지를 통해 "오늘도 너와 함께여서 행복해", "우리는 정말 잘 맞는 것 같아", "서로를 아끼는 마음이 가장 소중해"라는 말을 자주 건네는 것도 같은 효과를 낸다.

　특별한 날에는 관계의 의미를 재확인하는 기회를 마련하는 것이 좋다. "우리가 만난 지 벌써 1년이네. 정말 서로에게 소중한 사람이 된 것 같아"와 같은 언급은 반복적으로 관계의 방향성을 강화한다. 일상 대화와 특별한 순간이 맞물려 반복되면, 상대는 설득자의 메시지를 단순한 의견이 아니라 '우리 관계의 기본 원칙'으로 인식한다.

반복 설득 전략에서 주의할 점

반복은 설득에서 매우 강력한 도구지만, 섬세하게 사용하지 않으면 곤란하다. 사람들은 같은 메시지를 여러 번 들을수록 익숙함을 느끼고, 그 익숙함이 곧 호감으로 이어진다. 그러나 이 효과는 무한히 지속되지 않는다. 일정 수준을 넘어서는 순간, 반복은 친숙함이 아니라 지루함과 거부감으로 바뀐다. 설득자는 이 경계선을 세심하게 살펴야 한다.

반복 설득의 가장 큰 함정은 메시지의 신선함 상실이다. 같은 말만 기계적으로 되풀이하면 청중은 곧 "이 사람은 할 말이 이것뿐이구나"라고 생각한다. 직장에서 상사가 같은 지시를 거듭하면 처음에는 동의하던 직원들도 나중에는 잔소리로만 듣는다. 인간관계에서도 마찬가지다. 반복은 설득을 강화할 수도 있지만, 관계 자체를 소모시킬 위험도 함께 갖고 있다.

또한 반복은 청중의 성향에 따라 정반대의 결과를 낳는다. 지지하는 사람에게는 확신을 강화하지만, 반대하는 사람에게는 반발심을 키운다. 정치적 구호를 떠올려 보라. 같은 문장이 계속 반복될수록 지지자들은 열광하지만, 반대자들은 더 큰 거부감을 느낀다. 설득자가 이를 고려하지 않고 무조건 반복만 하면, 청중을 설득하기는커녕 양극화를 심화시킨다.

반복 설득 전략만 지속해서 사용하다 보면 진정성까지도 의심받을 수 있다. 같은 문장을 너무 많이 되풀이하면, 청중은 그것을 '진심'이 아니라 '기술적 세뇌'로 느낀다. 사람들은 본능적으로 기계적 패턴에 거부감을 갖는다. 한 번의 강조는 설득력을 높이지만, 열 번의 강조는 오히려 진정성을 갉아먹는다. 따라서 설득을 하려는 사람은 반복 전략을 사용할 때 반드시 맥락과 형태를 변주해야 한다. 같은 메시지라도 다른 사례, 비유, 감정적 언어, 혹은 숫자로 표현하면 지루함을 줄이고 설득력을 유지할 수 있다. 또한 간격 효과를 활용해, 메시지를 잊을 만할 때 다시 꺼내들어야 한다. 메시지를 짧은 시간 안에 촘촘하게 반복하면 오히려 피로감만 남는다.

반복은 횟수가 아니라 마지막에 남는 인상이 좌우한다. 같은 말을 열 번 하는 것보다, 한 번의 강렬한 반복으로 기억 속에 각인시키는 편이 훨씬 효과적이다. 설득자는 반복의 힘을 맹신하지 말고, 언제, 어떻게, 어떤 방식으로 반복할지를 신중히 설계해야 한다.

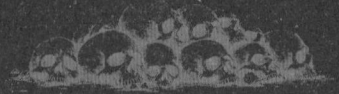

반복 전략으로 설득하는 사람의 말버릇

◆ 같은 메시지를 변주하며 반복한다
  → "앞서 말씀드린 것처럼…"
  → "다시 한 번 강조드리지만…"

◆ 환경 속에 메시지를 스며들게 한다
  → "저도 ○○ 님에게서 들었는데요"
  → "지난 회식 자리에서 들었어요"

반복 설득 전략 체크리스트

■ 간격을 두고 장기간 반복하기

■ 여러 채널을 활용해 메시지로 포위하기

■ 맥락과 표현을 변주해 자연스럽게 노출하기

■ 상대가 거부감 들지 않도록 빈도와 강도 조절하기

심리적 계약을 만들어라

보이지 않는 약속 심기

매일 아침 9시, 회사 엘리베이터에서 만나는 동료에게 건네는 인사말. "오늘도 화이팅!" 단순해 보이지만 3개월 후, 당신이 힘들어할 때 그 동료는 당연히 도움을 줄 것이라고 기대한다. 서면 계약서는 없지만, 마음속에는 이미 '우리는 서로를 응원하는 사이'라는 약속이 새겨져 있다. 세상에서 가장 강력한 계약은 종이에 쓰인 것이 아니라 마음에 새겨진 것이다. 심리적 계약은 법정에서 인정받지 못하지만, 인간의 행동을 지배하는 힘은 어떤 법적 문서보다 강하다. 왜냐하면 그것을 어기는 순간 느끼는 죄책감과 배신감은 법적 처벌보다 훨씬 고통스럽기 때문이다.

조직심리학자 데니스 루소의 연구에 따르면, **사람들은 명시적 계약 위반보다 심리적 계약 위반에 대해 더 강한 배신감을 느꼈다**. 데니스 루소는 조직과 구성원 사이에 눈에 보이지 않는 약속이 존재한다고 보았다. 이를 심리적 계약psychological contract 이라고 부르는데, 공식적인 근로계약서에 적혀 있지 않지만 서로가 기대하는 의무와 신뢰를 뜻한다. 예를 들어 직원은 회사가 안정적인 고용과 성장 기회를 줄 것이라고 기대하고, 회사는 직원이 성실히 헌신할 것이라고 믿는 것이다.

가장 강력한 계약은 마음에 새겨진 계약이다.

루소는 이 심리적 계약이 깨졌을 때 어떤 일이 벌어지는지 연구했다. 여러 기업의 직원을 대상으로 설문 조사를 진행해 회사에 대한 기대와 실제 제공된 조건 사이의 차이를 측정했다. 그리고 그 차이가 배신감, 실망감 같은 감정과 어떤 행동 변화를 일으키는지 살펴보았다. 또 신입사원들을 대상으로 6개월, 1년, 2년 동안 반복적으로 추적 조사해 시간이 흐르면서 심리적 계약이 어떻게 변하는지도 관찰했다.

연구 결과는 분명했다. 직원들은 명시적 계약 외에도 분명히 암묵적인 약속이 존재한다고 인식하고 있었다. 문제는 이 약속이 지켜지지 않았을 때다. 직원들은 단순히 실망하는 수준을 넘어서 강한 배신감을 느꼈다. 공식 계약 위반보다 심리적 계약 위반이 훨씬 더 깊은 상처를 남겼다. 왜냐하면 심리적 계약은 단순히 돈이나 조건의 문제가 아니라, 인간적인 신뢰와 공정성의 문제였기 때문이다.

이 배신감은 곧 행동으로 이어졌다. 조직에 대한 신뢰가 줄어들고, 직무 만족도가 떨어졌다. 회사에 대한 몰입도 낮아졌으며, 생산성은 감소했다. 심지어 이직을 고민하는 직원들이 크게 늘어났다. 말하자면 심리적 계약 위반은 회사의 핵심 동력을 서서히 무너뜨리는 독과도 같았다. 결론적으로 루소의 연구는 기업이 단순히 근로계약서를 지키는 것만으로는 충분하지 않다는 사실을 보여준다. 직원들의 눈에는 보이지 않는 기대와 신뢰를 존중해야 한다. 공정하고 신뢰할 수 있는 관계를 유지할 때에만 직원들은 장기적으로 조직에 헌신하고, 회사 역시 지속 가능한 성과를 만들어낼 수 있다. 데니스 루소의 연구에 의하면 이 약속이 일방적인 것이라고 해도 사람들은 상대방에게 지켜야 할 의무로 인식한다고 한다.

보이지 않는 약속이야말로 가장 강력한 족쇄다.

연인 사이에서 "우리는 서로에게 솔직해야 해"라는 말이 한 번 나오면, 그 순간부터 모든 비밀은 배신이 된다. 직장에서 "우리 팀은 가족 같은 관계야"라는 말이 회자되면, 개인적 시간까지 팀을 위해 희생해야 한다는 무언의 압박이 시작된다. 친구 관계에서 "진짜 친구라면"이라는 전제가 등장하면, 그 뒤에 오는 모든 요구는 거부하기 어려워진다.

심리적 계약의 무서운 점은 계약서 없는 계약이라는 것이다. 상대방은 언제 그런 약속을 했는지조차 기억하지 못하지만, 어느새 그 약속에 얽매여 살아가고 있다. 그리고 그 약속을 어기면 마치 자신이 나쁜 사람이 된 것 같은 기분을 느낀다.

그런데 진짜 무서운 점은 이런 심리적 계약이 시간이 지날수록 더 강화된다는 것이다. 처음에는 단순한 기대였던 것이 반복을 통해 확신이 되고, 확신이 의무가 되고, 의무가 정체성이 된다. "나는 원래 도움을 주는 사람이야"라고 스스로를 정의하게 되면, 도움을 거부하는 것은 자신의 정체성을 부정하는 일이 된다. 이런 메커니즘을 이해하고 활용하는 사람은 법적 구속력 없이도 상대방을 자신의 의도대로 움직일 수 있다. 상대방 스스로가 그것을 자신의 의무라고 믿게 만들면서 말이다.

원칙1 점진적으로 심리적 계약을 확장하라

심리적 계약은 한 번에 큰 것을 요구해서는 만들 수 없다. 작은 약속부터 시작해서 점진적으로 확장해야 한다. 상대방이 **거부감 없이 수용할 수 있는 수준에서 시작해야만 한다**. 첫 단계는 상호성의 원칙을 활용하는 것이다. "나도 너를 도와줄 테니까 너도 나를 도와줘"라는 식의 명시적 거래가 아니라, "우리는 서로 도우며 지내는 사이야"라는 관계의 정의를 먼저 제시한다. 이때 추상적이고 긍정적인 언어를 사용해야만 한다. 추상적인 언어여야만 나중에 요구 사항으로 발전시킬 수 있다. 연애에서는 "우리는 서로를 이해하는 사이니까"라고 시작해서, 나중에 "이해한다는 건 내 모든 결정을 지지해

주는 거지"로 확장한다. 직장에서는 "우리 팀은 협력적이야"에서 시작해서 "협력적이라는 건 개인적 시간도 팀을 위해 쓸 수 있다는 뜻이지"로 발전시킨다.

모호한 말은 무한한 해석을 낳는다.

그다음으로는 상대가 기대에 맞는 행동을 했을 때 긍정적인 피드백을 주어야 한다. 상대방이 작은 약속을 지킬 때마다 "역시 너는 약속을 지키는 사람이야", "이래서 내가 너를 믿는 거야"와 같은 말들이다. 이는 상대방으로 하여금 '약속을 지키는 사람'이라는 정체성을 갖게 만든다.

세 번째 단계로 예외 상황을 만들어야만 한다. 평소보다 조금 더 큰 부탁을 하면서 "이번만 특별히"라는 프레임을 사용한다. 하지만 이런 예외가 몇 번 반복되면 어느새 새로운 기준이 된다. "저번에도 해줬잖아"라는 말로 예외를 일반화시키는 것이며, 상대는 새롭게 확장된 심리적 계약에 대해서도 지켜야만 한다는 압박을 받게 된다.

원칙2 심리적 계약과 정체성을 연결시켜라

사람은 누구나 자신이 어떤 사람인지에 대한 이미지를 지키려는 강한 동기를 가진다. 이를 심리학에서는 '자기 일관성 욕구'라고 한다. 따라서 설득자는 심리적 계약을 단순한 약속 차원을 넘어 상대방의 정체성과 연결시켜야 한다. "너는 원래 책임감 있는 사람이잖아", "넌 늘 의리가 있지" 같은 말이 바로 이런 장치다. 이때 상대는 단순히 부탁을 들어주는 것이 아니라, 자신의 정체성을 지키기 위해 행동한다고 느낀다.

"넌 다른 사람들과 달라", "넌 정말 믿을 만한 사람이야"라는 식으로 상대방에게 긍정적인 꼬리표를 붙여보면 좋다. 일단 이런 말을 받아들이면, 그 기대에 부합하려는 압박이 생긴다. 부탁을 들어주는 것은 단순한 호의가 아니라 '나는 그런 사람이다'라는 자기 정체성을 유지하는 수단이 된다. 과거의 행동을 상기시키는 방법도 있다. "저번에 네가 도와줬을 때 정말 고마웠어. 넌 원래 그런 사람이잖아"라는 말은 상대방의 과거 행동을 일회성이 아니라 본질적인 성격으로 해석한다. 이렇게 되면 상대는 미래에도 같은 행동을 반복해야만 '일관성 있는 사람'으로 남을 수 있다고 느낀다.

누구나 특별한 사람이고 싶어 한다.

다른 사람과 비교하는 방법도 있다. "다른 사람들은 이기적이지만 넌 다르지", "요즘 사람들은 차갑지만 너는 따뜻한 사람이야"라는 식으로 상대를 도덕적으로 우월한 존재로 위치시킨다. 비교를 통해 특별함을 강조하면, 상대는 남들보다 높은 도덕적 기준을 스스로 지켜야 한다는 압박을 받는다. 결국 심리적 계약을 정체성과 연결시켜 설득할 때에는 **상대방이 스스로를 특별한 존재로 인식하게 만들어야만 한다**. 그리고 그 특별함을 유지하려면, 남들이 하지 않는 희생과 헌신도 기꺼이 감수해야 한다고 믿게 된다. 즉, 정체성과 심리적 계약이 결합할 때, 설득은 단순한 요구가 아니라 "내가 어떤 사람으로 살아야 하는가"라는 문제로 비약한다.

원칙3 집단을 활용해 압박하라

개인과 개인 사이의 심리적 계약도 강력하지만, 집단 차원의 심리적 계약은 훨씬 더 무겁게 작동한다. 인간은 본능적으로

소속감을 추구하며, 집단에서 배제되는 것을 두려워한다. 설득자는 이 점을 이용해 개인의 선택을 집단 정체성과 연결시켜야 한다. "우리 가족은 서로를 위해 희생한다", "우리 회사는 가족 같은 분위기다", "우리 친구들은 서로 챙겨준다" 같은 말은 집단적 기준을 개인의 행동 원칙으로 전환한다.

첫 번째로 집단 신화를 만들어야 한다. "우리는 다른 집단과 달라", "우리만의 특별한 문화가 있어"라는 메시지는 소속된 집단을 독특하고 우월한 공동체로 만든다. 그리고 그 특별함을 유지하기 위해서는 특별한 행동이 필요하다고 은근히 압박한다. 예를 들어 직장에서는 "우리 회사는 다른 회사와 달리 강요하지 않아, 대신 자발적으로 야근하는 문화가 있어"라는 식으로 희생을 미화한다. 가족에서는 "우리 가족은 평소엔 간섭하지 않지만, 필요할 때는 모든 걸 포기하고 달려가는 게 원칙이지"라는 식으로 무한한 헌신을 요구한다.

동조 압력도 만들어야만 한다. 집단 안에서 모범적인 사례를 의도적으로 부각시켜 다른 사람들도 따라 하도록 유도하는 것이다. "A는 정말 팀워크가 좋아. 어제도 늦게까지 남아서 도와줬어"라는 말은 집단 내에서 '이렇게 행동해야 한다'는 암묵적 기준을 만든다. 집단의 신화를 만들었고 동조 압력도 만들었다면, 이제는 배제당할 때의 두려움을 활용하면 좋다. 심리적 계약을 지키지 않으면 집단에서 소외될 수 있다는 신호를 주는 것이다. "요즘 B는 예전 같지 않네" 같은 말은 직접적인 비난이 아니지만, 집단의 기대에 어긋나면 따돌림을 당할 수 있다는 공포를 심는다.

집단 압력의 본질은 개인의 선택을 집단 전체의 문제로 만드는 것이다. 개인은 더 이상 "내가 할까 말까"를 고민하는 것이 아니라, "내가 거부하면 우리 집단의 정체성이 흔들릴 수 있다"는 부담을 느낀다. 이렇게 되면 설득은 단순한 대화가 아니라, 집단 소속과 배제라는 훨씬 무거운 차원의 문제로 비화한다.

쉽게 해보는 심리적 계약 설득 전략

연애

연애에서 자주 쓰이는 전략은 점진적 확장이다. 새로 사귄 커플에서 남자친구가 여자친구에게 "우리는 서로에게 솔직한 사이야"라고 말하는 순간, 심리적 계약이 형성된다. 처음에는 단순히 거짓말하지 않는다는 의미였다. 그러나 시간이 지나면서 이 약속은 점점 넓어진다.

"솔직한 사이라면 네 친구들과 무슨 얘기했는지 말해줘야지", "우리가 솔직한 사이인데 왜 휴대폰을 안 보여줘?", "솔직하다는 건 네 마음속 생각을 다 나누는 거지"라는 식으로 요구가 확대된다. 6개월 후 여자친구는 자신도 모르게 모든 사생활을 남자친구에게 보고하고 있다. 하지만 이것을 감시나 통제로 느끼지 않는다. 스스로 "우리는 솔직한 사이니까"라고 합리화한다. 만약 거부하면 "그럼 우리 관계가 가짜였어?"라는 압박이 돌아온다. 여기에는 정체성과 심리적 계약이 결합된 압력이 숨어 있다. 거부하는 순간, '솔직한 연인'이라는 자기 정체성을 스스로 부정하는 것처럼 느껴지기 때문이다.

직장

직장에서는 집단 차원의 심리적 계약이 강력하게 작동한다. 신입사원 오리엔테이션에서 팀장이 "우리 팀은 가족 같은 분위기야. 서로 챙겨주고 도와주면서 일해"라고 말하는 순간, 따뜻해 보이는 문화 뒤에 보이지 않는 계약이 깔린다.

처음에는 "가족 같다"는 것이 배려와 이해를 의미했다. 그러나 시간이 지나면서 "가족이니까 희생할 수 있지", "가족이라면 무리한 부탁도 들어줘야지"로 의미가 확장된다. 야근 요청도 "가족인데 좀 도와줄 수 있지?", 휴일 근무도 "가족이라면 당연히 나와야지"로 포장된다. 1년 후, 신입사원은 개인 시간이 거의 없어도 불만을 표현하지 못한다. "가족 같은 팀"이라는 정체성이 자신을 억누르기 때문이다.

여기에는 동조 압력도 개입한다. 동료들이 서로의 희생을 미화하면서, 기준에 못 미치는 행동은 곧 배제의 신호로 작동한다. 결국 신입사원은 집단의 일원으로 남기 위해 개인적 삶을 희생하게 된다.

가족

가족 관계에서는 정체성과 책임감을 결합한 심리적 계약이 자주 나타난다. 어머니가 대학생 아들에게 "엄마는 너만 믿는다. 네가 엄마의 유일한 희망이야"라고 말하는 순간, 아들은 특별한 존재라는 긍정적 꼬리표를 받는다. 동시에 무거운 책임도 떠안는다.

시간이 지나면서 이 계약은 점점 생활 전반으로 확대된다.

전공 선택, 진로 결정, 연애 문제까지 모든 결정에서 "엄마를 실망시키면 안 된다"는 생각이 우선한다. 몇 년 후 아들은 자신이 원하는 삶보다 어머니가 원하는 삶을 살고 있다. 안정적이지만 재미없는 직장, 어머니가 좋아하는 여자친구, 어머니 근처의 집. 그러나 그는 이것을 강요로 느끼지 않는다. "나는 엄마의 유일한 희망이니까"라는 정체성이 이미 내면화되었기 때문이다.

친구

친구 관계에서는 집단 신화와 동조 압력이 오랫동안 힘을 발휘한다. 고등학교 때부터 친한 친구가 "우리는 진짜 친구잖아. 다른 애들과는 달라"라고 말하는 순간, 그 말은 단순한 호칭을 넘어선 계약이 된다.

처음에는 "진짜 친구"가 서로 지지하고 이해한다는 의미였다. 그러나 시간이 흐르면서 "진짜 친구라면 부탁을 거절할 수 없어", "진짜 친구라면 다른 사람보다 나를 우선해야 해"라는 식으로 요구가 확대된다. 대학 시절, 직장 생활, 결혼 후에도 이 패턴은 계속된다. 중요한 시험 전날에도, 신혼여행 준비 중에도, 출산 후에도 친구는 반복적으로 "진짜 친구라면…"이라는 압박을 가한다.

거부하려고 하면 돌아오는 말은 항상 같다. "우리가 진짜 친구라고 했잖아. 그럼 지금까지가 가짜였어?" 이는 단순한 부탁이 아니라, 관계의 정체성 자체를 의심받는 상황이다. 결국 상대는 '진짜 친구'라는 정체성을 유지하기 위해 점점 더 많은 희생을 감수한다.

심리적 계약 설득 전략에서 주의할 점

심리적 계약은 관계를 묶어내는 강력한 수단이지만, 동시에 여러 위험을 안고 있다. 점진적 확장, 정체성과의 연결, 집단 압력은 상대방을 깊게 얽어매는 힘을 가진다. 그러나 이 힘이 지나치게 사용되거나 왜곡되면 오히려 관계 자체를 무너뜨리는 부작용을 불러온다.

먼저 한쪽은 계약이 성립되었다고 믿지만, 다른 쪽은 전혀 그런 약속을 한 기억이 없는 경우가 많다. 이 불일치가 누적되면 결국 갈등이 심해지다가 폭발한다. "내가 언제 그런 약속을 했어?", "나는 그런 뜻으로 말한 게 아니었는데?"라는 반응이 나오기 시작하면, 그동안 쌓아온 심리적 계약은 한순간에 무너진다. 무엇보다 상대가 자신이 조종당했다는 사실을 깨닫는 순간, 배신감은 훨씬 더 강하게 다가온다.

상대의 자유를 빼앗다가
스스로의 자유마저 빼앗기고 만다.

과도하게 압박하다가 역효과가 날 수도 있다. 심리적 계약을 너무 자주, 너무 노골적으로 활용하면 상대는 패턴을 눈치채기 시작한다. "이 사람은 맨날 우리 관계를 들먹이며 요구만 하네"라는 의심이 싹트면, 심리적 계약의 효력은 급속히 떨어지고 오히려 반발심을 키운다. 이런 과정이 몇 번 이어지다 보면 관계 자체가 진정성이 사라지게 되어 인간관계라 고립될 위험도 있다. 심리적 계약을 전략적 도구로 적극적으로 사용하다 보면, 진정한 친밀감과 신뢰를 경험하지 못하게 된다. 모든 관계를 계산과 이용의 대상으로만 보게 되면 결국 인간관계는 껍데기만 남고, 설득자는 오히려 고립된다.

반대로 심리적 계약에 지나치게 의존하면, 수많은 관계에서 생겨나는 기대와 요구를 동시에 충족시키려다 스스로 지쳐버린다. 결국 설득자는 자신이 얽어낸 계약들에 매여 오히려 자유를 잃게 된다.

심리적 계약으로 설득하는 사람의 말버릇

◆ 관계를 정의하는 추상적 약속을 심는다
- → "우리는 서로 챙기는 사이잖아"
- → "진짜 친구라면…"

◆ 정체성과 연결해 의무감을 부른다
- → "넌 원래 책임감 있는 사람이잖아"
- → "넌 항상 약속 지키는 사람이지"

◆ 예외를 '이번만'이라 말해 기준으로 고정한다
- → "이번만 특별히 부탁할게"
- → "그때도 잘 해줬잖아"

◆ 상호성과 집단 규범을 함께 호출한다
- → "서로 도우면서 지내자"
- → "우리 팀 다 이렇게 해"

심리적 계약 설득 전략 체크리스트

■ 작은 약속부터 시작해 점진적으로 범위 넓히기
_____

■ 추상적 언어로 관계 규범 만들기
_____

■ 약속 이행 시 즉시 칭찬하여 정체성을 강화하기
_____

■ '이번만' 예외를 드물게 제시하고 나중에 기본으로 고정하기
_____

■ 과거 호의와 사례를 상기시켜 상호성 압박 만들기
_____

■ 집단 신화나 모범사례를 노출해 동조 규범 형성하기
_____

에필로그
설득의 힘은 곧 지배의 힘이다

매일 아침 거울을 보며 넥타이를 매는 당신. 오늘도 몇 명의 마음을 움직일 것인가? 회의실에서 제안을 관철시키고, 연인에게 자신의 뜻을 관철하고, 가족들이 당신의 의견에 따르게 만들 것인가? 거울 속 그 사람은 이제 단순한 대화자가 아니다. 잠재적 지배자다. 이 책을 덮는 순간, 당신은 달라진다. 같은 말을 해도 그 말에 담긴 의도가 다르고, 같은 상황에서도 보이는 패턴이 다르다. 상대방의 심리적 취약점이 보이고, 어떤 말이 효과적일지 계산하게 된다. 일상의 모든 대화가 전략적 상호작용이 되고, 모든 관계가 영향력 게임의 무대가 된다.

말은 단순한 의사소통 수단이 아니다. 말은 현실을 재구성하는 마법이며, 타인의 삶을 좌우하는 무기다. 한 문장으로 상대방의 자신감을 무너뜨릴 수 있고, 한 번의 대화로 관계의 역학을 완전히 바꿀 수 있다. 설득 기술을 배운다는 것은 이런 무기를 손에 쥐는 것과 같다. 심리학자 스탠리 밀그램의 복종 실험에서 보듯이, 단순한 지시와 설득만으로도 사람들은 자신의 도덕적 기준을 포기한다. 권위 있는 목소리, 논리적인 근거, 관계적 압박이 결합되면 평범한 사람도 비윤리적 행동을 할 수 있다. 이것이 설득의 진정한 무서움이다.

연애에서 파트너의 마음을 조종하고, 직장에서 동료들을 자신의 뜻대로 움직이고, 가족 관계에서 원하는 것을 얻어내는 것. 겉으로는 소통 능력이라고 포장되지만, 본질은 지배다. 상대방이 스스로 선택했다고 믿게 만들면서, 실제로는 당신이 원하는 방향으로 이끌어가는 것.

3권은 설득의 삼각형의 구조를 따라, 설득이 어떻게 우리의 삶에 침투하는지를 보여주었다. 인지는 프레임과 반복으로 바뀌었고, 감정은 공포와 희망으로 뒤틀렸으며, 관계는 권위와 심리적 계약으로 무겁게 조여졌다. 그리고 우리는 이 과정 속에서 자율적으로 선택했다고 믿었지만, 사실은 이미 무대 위에서 움직이도록 설계된 배우에 불과했다.

설득과 조종의 경계는 늘 흐릿하다. 작은 배려처럼 보였던 말이 압박으로 바뀌고, 친밀감의 표현이 구속으로 변하며, 건전한 제안이 통제로 변한다. 다크 심리학은 바로 이 회색지대에서 힘을 발휘한다. 사람들은 자각하지 못한 채 스스로 선택했다고 착각하며, 무의식의 힘은 그 착각을 굳히는 데 기여한다.

이 책이 던지는 메시지는 단순하다. 설득은 멀리 있지 않다. 이미 당신 곁에서, 매일의 대화 속에서 진행되고 있다. 중요한 것은 '나는 예외다'라는 착각을 버리는 것이다. 누구나 취약하다. 누구나 흔들린다. 다크 심리학은 바로 그 보편적 취약성을 노린다. 그러나 취약성을 자각하는 순간, 우리는 방어할 수 있다. "왜 지금 이런 말이 나왔을까?", "이 말은 내 인지·감정·관계 중 어떤 축을 건드리는가?", "이 제안은 내 자율성을 존중하고 있는가?" 질문을 던지는 것만으로도 우리는 무대 밖으로 한 걸음 물러나 관객의 시선을 가질 수 있다.

설득의 삼각형은 인간을 움직이는 구조이자, 다크 심리학이 조작하는 틀이다. 이제 그 뼈대를 알았다면, 더 이상 무방비로 무대 위에 서 있을 필요는 없다. 당신이 배우로 남을지, 연출자로 설 자리를 되찾을지는 오직 자각에 달려 있다.

그런데 진짜 무서운 점은 이런 기술에 익숙해질수록 진정한 관계와 전략적 관계를 구분하지 못하게 된다는 것이다. 모든 인간관계를 영향력 확장의 기회로 보게 되고, 순수한 소통이나 진정한 교감을 잃어버리게 된다.

나는 지금 이 힘을 어떻게 사용하고 있는가? 다른 사람들의 자유를 빼앗으면서 나만의 왕국을 건설하고 있는 것은 아닌가? 당신이 이 책에서 배운 모든 기술들은 이제 당신의 일부가 되었다. 상대방이 그것을 알아차리든 모르든, 당신은 이미 그들의 마음에 영향을 미치고 있다.

윤리 없는 설득은 위험하다. 역사를 돌아보면 설득 기술의 어두운 면을 적나라하게 보여주는 사례들이 넘쳐난다. 아돌프 히틀러는 대중 연설의 달인이었다. 감정에 호소하고, 집단 정체성을 자극하고, 두려움과 희망을 교묘하게 조합해서 한 나라 전체를 광기로 이끌었다. 짐 존스는 종교적 언어와 심리적 조종으로 900명이 넘는 사람들을 집단 자살로 몰고 갔다.

이들의 공통점은 설득 기술 자체가 아니라 그 기술을 사용하는 목적에 있었다. 개인의 권력 확장, 집단의 광신적 충성, 타인에 대한 완전한 통제. 그들은 설득을 소통의 도구가 아니라 지배의 무기로 사용했다. 현대에도 이런 사례는 계속된다.

사이비 종교의 교주들, 다단계 사기의 주모자들, 가스라이팅으로 파트너를 조종하는 연인들. 그들이 사용하는 기법들은 이 책에서 다룬 것들과 본질적으로 다르지 않다. 차이는 오직 의도와 목적에 있을 뿐이다.

심리학 연구에 따르면, 강압적이고 기만적인 설득은 단기적으로는 높은 효과를 보이지만 장기적으로는 필연적으로 반발과 저항을 불러온다. 상대방이 조종당했다는 것을 깨달으면, 그 반발의 강도는 처음 설득의 강도에 비례해서 커진다. 설득하는 사람 자신도 나쁜 영향을 받는다. 다른 사람을 조종하는 데 익숙해지면, 진정한 신뢰 관계를 맺는 능력이 퇴화된다. 모든 관계를 이용과 통제의 관점에서 바라보게 되고, 결국 진정한 친밀감이나 사랑을 경험할 수 없게 된다.

연애에서 파트너를 완벽하게 통제했지만 사랑은 사라진 관계. 직장에서 모든 사람을 자신의 뜻대로 움직이지만 진정한 동료는 없는 상황. 가족에게서 절대적 복종을 얻었지만 진심 어린 대화는 사라진 가정. 이것이 윤리 없는 설득이 만들어내는 결과다. 독을 퍼뜨리는 사람은 결국 자신도 그 독에 중독된다. 설득 기술이 강력할수록, 그것을 올바르게 사용해야 할 책임도 더 커진다.

진정한 설득은 일방적인 승리가 아니라 상호 이익을 추구하는 과정이어야 한다. 당신이 원하는 것을 얻되, 상대방도 그 과정에서 무언가를 얻을 수 있어야 한다. 이는 단순한 거래가 아니라, 서로의 성장과 발전을 도모하는 진정한 윈윈 관계를 만드는 것이다. 진정한 설득가는 상대방의 선택권을 빼앗지 않는다. 오히려 더 나은 선택을 할 수 있도록 정보와 관점을 제공하는 역할을 한다. "당신이 결정할 일이지만, 내 생각으로는…", "이런 선택지들이 있는데, 각각의 장단점은…" 같은 방식으로 접근한다. 또한 강요나 압박 대신 선택의 자유를 강조한다. "물론 거절해도 괜찮다", "충분히 생각해보고 결정해도 된다", "다른 의견이 있으면 언제든 말해달라" 이런 말들은 역설적으로 상대방이 더 편안하게 당신의 제안을 받아들일 수 있게 만든다. 자율성을 존중하는 설득은 상대방의 내재적 동기를 자극한다. 외부의 압박이 아니라 내면의 동의를 바탕으로 한 행동은 더 지속적이고 진정성 있다.

이 책을 덮는 순간, 당신은 두 개의 길 앞에 서게 된다. 첫 번째 길은 어둠의 길이다. 이 책에서 배운 모든 기술을 자신의 이익을 위해 사용하는 것. 연인을 조종하고, 동료를 이용하고, 가족을 통제하는 것. 단기적으로는 원하는 것을 얻을 수 있을 것이다. 하지만 그 끝에는 진정한 관계의 부재와 영혼의 공허함만이 남아있다.

두 번째 길은 균형의 길이다. 설득의 힘을 인정하되, 그 힘을 상대방과 함께 성장하는 데 사용하는 것. 때로는 원하는 것을 포기하더라도 진정한 관계를 선택하는 것. 더 어렵고 느린 길이지만, 그 끝에는 진정한 신뢰와 사랑이 기다리고 있다. 선택은 당신의 몫이다. 하지만 기억하라. 모든 선택에는 대가가 따른다. 당신이 누군가를 조종할 때마다, 당신 자신도 조금씩 인간성을 잃어간다. 당신이 누군가를 이해하려고 노력할 때마다, 당신 자신도 조금씩 더 깊은 사람이 된다. 이 세상은 이미 충분히 많은 조종자들로 가득하다. 하지만 진정한 소통가는 여전히 부족하다. 당신은 어떤 사람이 되고 싶은가?

당신이 배운 모든 것들, 인지편향의 활용, 감정 조작의 기술, 관계 기반 설득의 메커니즘들. 이 모든 것은 이제 당신의 일부가 되었다. 그것을 지우거나 없던 일로 만들 수는 없다. 하지만 지식을 가진 것과 그것을 어떻게 사용하는가는 별개의 문제다. 마지막으로 한 가지만 기억하기 바란다. 진정한 힘은 상대방을 굴복시키는 데 있지 않다. 진정한 힘은 상대방이 스스로 최선의 선택을 할 수 있도록 돕는 데 있다.

당신 앞에는 무한한 가능성이 펼쳐져 있다. 그 가능성을 파괴의 도구로 사용할 것인가, 창조의 도구로 사용할 것인가. 선택하라. 그리고 그 선택에 책임져라.

다크심리학Ⅲ : 설득의 법칙
거절을 불가능하게 만드는 심리 트리거와 대화 기술

초판 1쇄   2025년 9월 15일
초판 3쇄   2025년 12월 17일

지은이   다크 인사이트
디자인   김소미
펴낸곳   다크 인사이트 스튜디오
출판등록   2021년 5월 21일 제2021-000019호
이메일   dark.insight.studio@gmail.com

ⓒ다크 인사이트, 2025
이 책은 저작권법에 의해 보호를 받는 저작물이므로
책 내용의 전부 또는 일부를 이용하려면
반드시 저자와 다크 인사이트 스튜디오의 서면 동의를 받아야 합니다.

* 책값은 뒤표지에 있습니다.
* 이 책의 판권은 지은이와 다크 인사이트 스튜디오에 있습니다.
* 책 내용의 전부 또는 일부를 이용하려면
  반드시 지은이와 다크 인사이트 스튜디오 양측의 서면 동의를 받아야 합니다.

ISBN 979-11-93282-43-4 (04180)
ISBN 979-11-93282-44-1 (세트)